ཇོ་མོ་གླང་མ།
珠穆朗瑪峰

ལྷ་ས་པོ་ཏ་ལ།
拉薩布達拉宮

ལྷ་ས་འི་རྫོ་ཁང་གི་གསེར་གྱི་རྒྱ་ཕིབས།

拉薩大昭寺金頂

西北民族大學西北民族文獻研究基地資助項目

རུབ་བྱུང་མི་རིགས་སློབ་ཆེན་གྱི་རུབ་བྱུང་མི་རིགས་ཡིག་ཚགས་ཞིབ་འཇུག་ལྟེ་གནས་ཀྱི་དངུལ་གཏོང་ལས་གཞི།

西北民族大學"青藏高原區域歷史文化研究創新團隊"階段性成果

རུབ་བྱུང་མི་རིགས་སློབ་ཆེན་གྱི་མཚོ་བོད་མཐོ་སྒང་ལོ་རྒྱུས་རིག་གནས་ཞིབ་འཇུག་གསར་འདོན་ཚོགས་པའི་དཔྱད་འབྲས།

英國國家圖書館藏
敦煌西域藏文文獻

㉕
IOL.Tib.J.VOL.117—119

主 編

才 讓　沙 木

編 纂

西 北 民 族 大 學
上 海 古 籍 出 版 社
英 國 國 家 圖 書 館

上海古籍出版社
上海 2025

監　製

馬景泉 高克勤

學術顧問

王 堯 多 識 陳 踐 華 侃 （中國）

吳芳思　Burkhard Quessel（英國）

主　編

才 讓 （中國）

沙 木 （英國）

副主編

扎西當知 嘎藏陀美 束錫紅 府憲展

責任編輯

曾曉紅

裝幀設計

李曄芳

དབྱིན་རྗེའི་རྒྱལ་གཉེར་དཔེ་མཛོད་ཁང་དུ་ཉར་བའི་
དུན་ཧོང་དང་ཤུབ་སྟོངས་ཀྱི་བོད་ཡིག་ཡིག་ཆགས།

IOL.Tib.J.VOL.117—119

གཙོ་སྒྲིག་པ།
ཚེ་རིང་། ཇེམ་བན་སི་ཀེ་ལྱ།

སྒྲིག་སྦྱོར་སྡེ་ཁག
ཞུབ་བྱང་མི་རིགས་སློབ་གྲྭ་ཆེན་མོ།
ཐང་ཧེ་དཔེ་རྙིང་དཔེ་སྐྲུན་ཁང་།
དབྱིན་རྗེའི་རྒྱལ་གཉེར་དཔེ་མཛོད་ཁང་།

ཐང་ཧེ་དཔེ་རྙིང་དཔེ་སྐྲུན་ཁང་།
2025 ལོར་ཐང་ཧེ་ནས།

རྩྭ་ཞིབ་པ།

སྨ་ཅན་ཚོན། ཀོ་ལུ་ཆེན།

བློ་འདྲེ་ས།

དབང་རྒྱལ། དོར་ཞི་གདོང་དྲུག་སྙེམས་བློ། བསོད་ནམས་སྐྱིད། ཧྲ་ཁག (ཀྱུང་གོ)

བའུ་རེ་སྐྱིད། པུར་ཁུ་ཏུར་སྐྱེ · ཟིའུ་ཟེ་ལོ། དབྱིན་ཌི།

གཙོ་སྐྱིག་པ།

ཚོ་རིང་། (ཀྱུང་གོ)

ཟེམ་བན་ཨི་ཀོ་ལུ། དབྱིན་ཌི།

གཙོ་སྐྱིག་པ་གཞོན་པ།

མཐའ་བ་བཀྲ་ཤིས་དོན་འགྲུབ། ཚེ་རིས་སྐྱལ་བཟང་ཕོགས་མེད། ཧྲུའུ་ཞི་ཧུང་། ཧྲུའུ་ཞན་ཀྲུན།

ཚོམ་སྐྱིག་འགན་འཁུར་བ།

བཅུན་ཞོ་ཧོང་།

མཇེས་རིས་ཧྲུས་འགོང་པ།

ཞི་དཔེ་སྐྱང་།

TIBETAN DOCUMENTS FROM
DUNHUANG AND OTHER CENTRAL ASIA
IN
THE BRITISH LIBRARY

IOL.Tib.J.VOL.117—119

EDITORS IN CHIEF

Tshering　Sam van Schaik

PARTICIPATING INSTITUTION

The British Library

Northwest University for Nationalities

Shanghai Chinese Classics Publishing House

SHANGHAI CHINESE CLASSICS PUBLISHING HOUSE

Shanghai 2025

SUPERVISORS

Ma Jingquan Gao Keqin

CONSULTANTS

Wang Yao Dorzhigdongdrugsnyemsblo Chen Jian Hua Kan (China)

Frances Wood   Burkhard Quessel (British)

EDITORS IN CHIEF

Tshering (China)

Sam van Schaik (British)

VICE EDITORS IN CHIEF

Mthababkrashisdonvgrub Charisskalbzangthogsmed Shu Xihong   Fu Xianzhan

EDITOR IN CHARGE

Zeng Xiaohong

COVER DESIGNER

Li Yefang

第二十五册目録

IOL.Tib.J.VOL.117—119

དཀར་ཆག

IOL.Tib.J.VOL.117—119

英 IOL.Tib.J.VOL.117　1.ཚེ་དཔག་དུ་མྱེད་པ་ཞེས་བྱ་བ་ཐེག་པ་ཆེན་པོའི་མདོ
1.大乘無量壽宗要經　　(202-1)

英 IOL.Tib.J.VOL.117　1.ཚེ་དཔག་དུ་མྱེད་པ་ཞེས་བྱ་བ་ཐེག་པ་ཆེན་པོའི་མདོ
1.大乘無量壽宗要經　　(202-2)

英 IOL.Tib.J.VOL.117　1.ཚེ་དཔག་དུ་མྱེད་པ་ཞེས་བྱ་བ་ཐེག་པ་ཆེན་པོའི་མདོ།　　2.བྲིས་ཞུས་བྱུང་།

1.大乘無量壽宗要經　　2.抄寫校對題記　　(202–3)

英 IOL.Tib.J.VOL.117　3.ཚེ་དཔག་དུ་མྱེད་པ་ཞེས་བྱ་བ་ཐེག་པ་ཆེན་པོའི་མདོ།

3.大乘無量壽宗要經　　(202–4)

英 IOL.Tib.J.VOL.117　3.ཚེ་དཔག་དུ་མྱེད་པ་ཞེས་བྱེ་བ་ཐེག་པ་ཆེན་པོའི་མདོ།
3.大乘無量壽宗要經　　　(202-5)

英 IOL.Tib.J.VOL.117　3.ཚེ་དཔག་དུ་མྱེད་པ་ཞེས་བྱེ་བ་ཐེག་པ་ཆེན་པོའི་མདོ།
3.大乘無量壽宗要經　　　(202-6)

英 IOL.Tib.J.VOL.117　　3.ཚེ་དཔག་ཏུ་མྱེད་པ་ཞེས་བྱེ་བ་ཐེག་པ་ཆེན་པོའི་མདོ།　　4.བྲིས་ཞུས་བྱང་།

3.大乘無量壽宗要經　　4.抄寫校對題記　　(202-7)

英 IOL.Tib.J.VOL.117　　5.ཚེ་དཔག་ཏུ་མྱེད་པ་ཞེས་བྱ་བ་ཐེག་པ་ཆེན་པོའི་མདོ།

5.大乘無量壽宗要經　　(202-8)

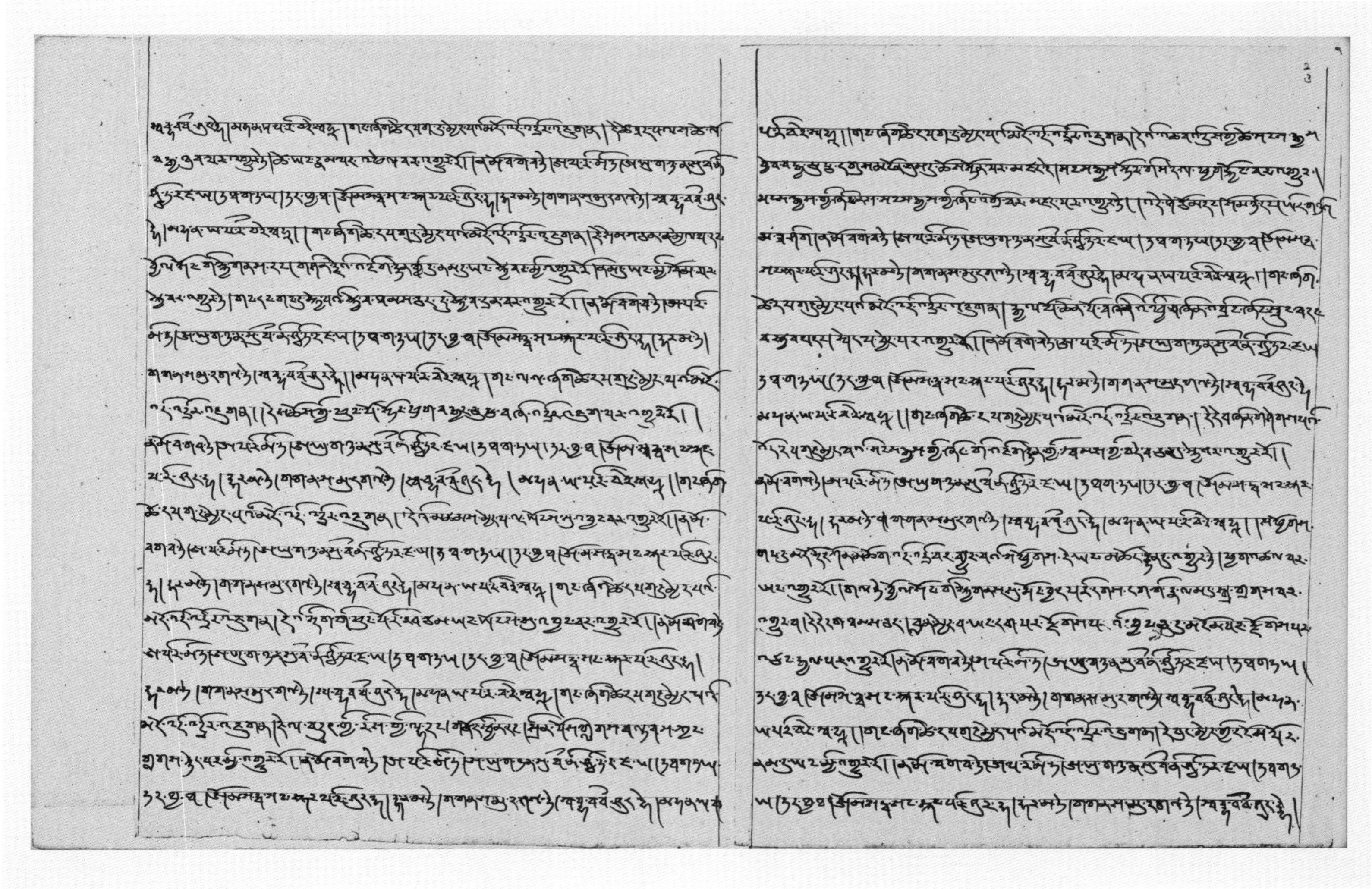

英 IOL.Tib.J.VOL.117　5.ཚེ་དཔག་དུ་མེད་པ་ཞེས་བྱ་བ་ཐེག་པ་ཆེན་པོའི་མདོ།
5.大乘無量壽宗要經　(202–9)

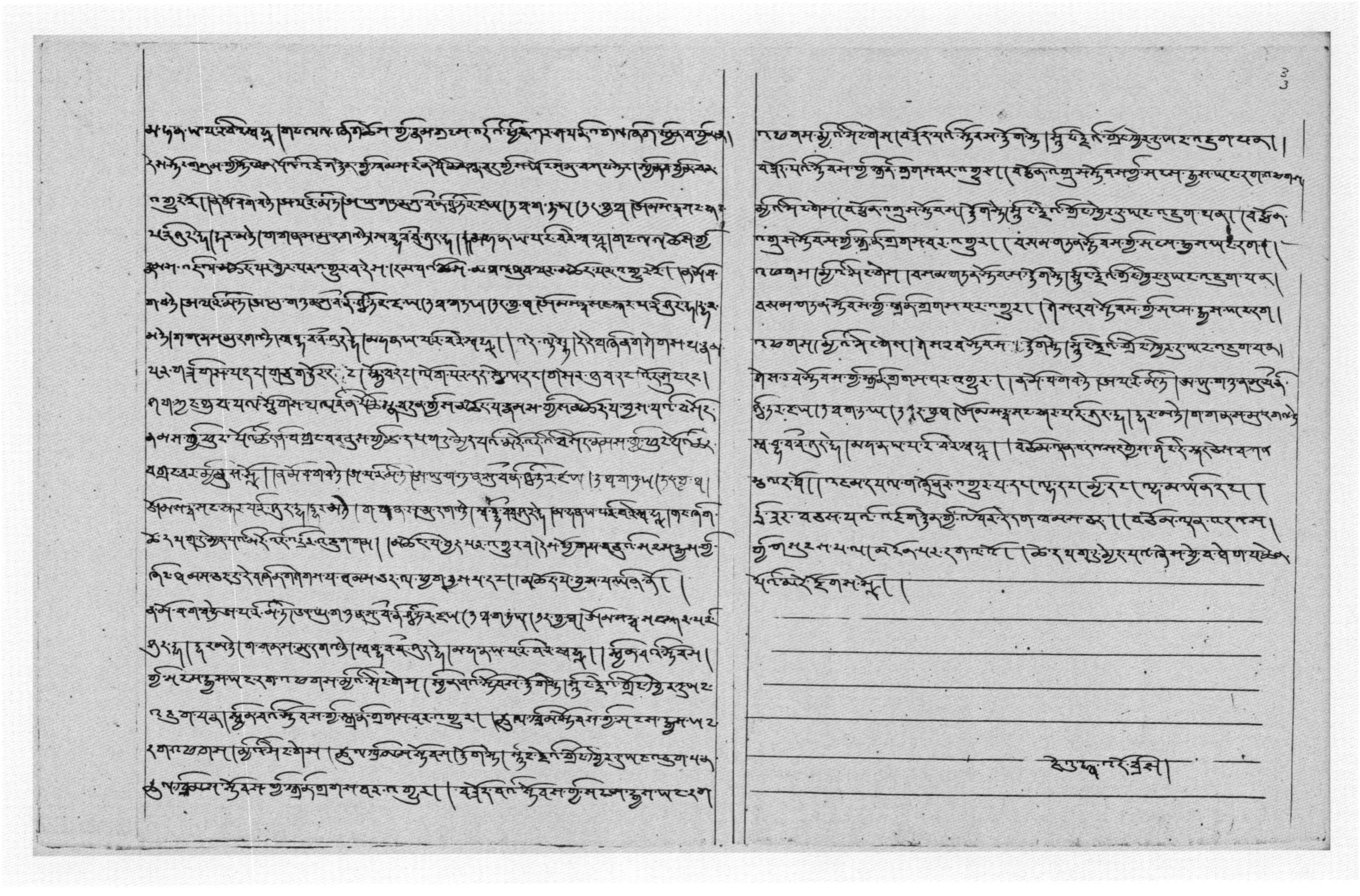

英 IOL.Tib.J.VOL.117　5.ཚེ་དཔག་དུ་མེད་པ་ཞེས་བྱ་བ་ཐེག་པ་ཆེན་པོའི་མདོ།　6.བྲིས་བྱང་།
5.大乘無量壽宗要經　6.抄寫題記　(202–10)

英 IOL.Tib.J.VOL.117　7.ཚེ་དཔག་དུ་མྱེད་པ་ཞེས་བྱ་བ་ཐེག་པ་ཆེན་པོའི་མདོ།
7.大乘無量壽宗要經　　(202-11)

英 IOL.Tib.J.VOL.117　7.ཚེ་དཔག་དུ་མྱེད་པ་ཞེས་བྱ་བ་ཐེག་པ་ཆེན་པོའི་མདོ།
7.大乘無量壽宗要經　　(202-12)

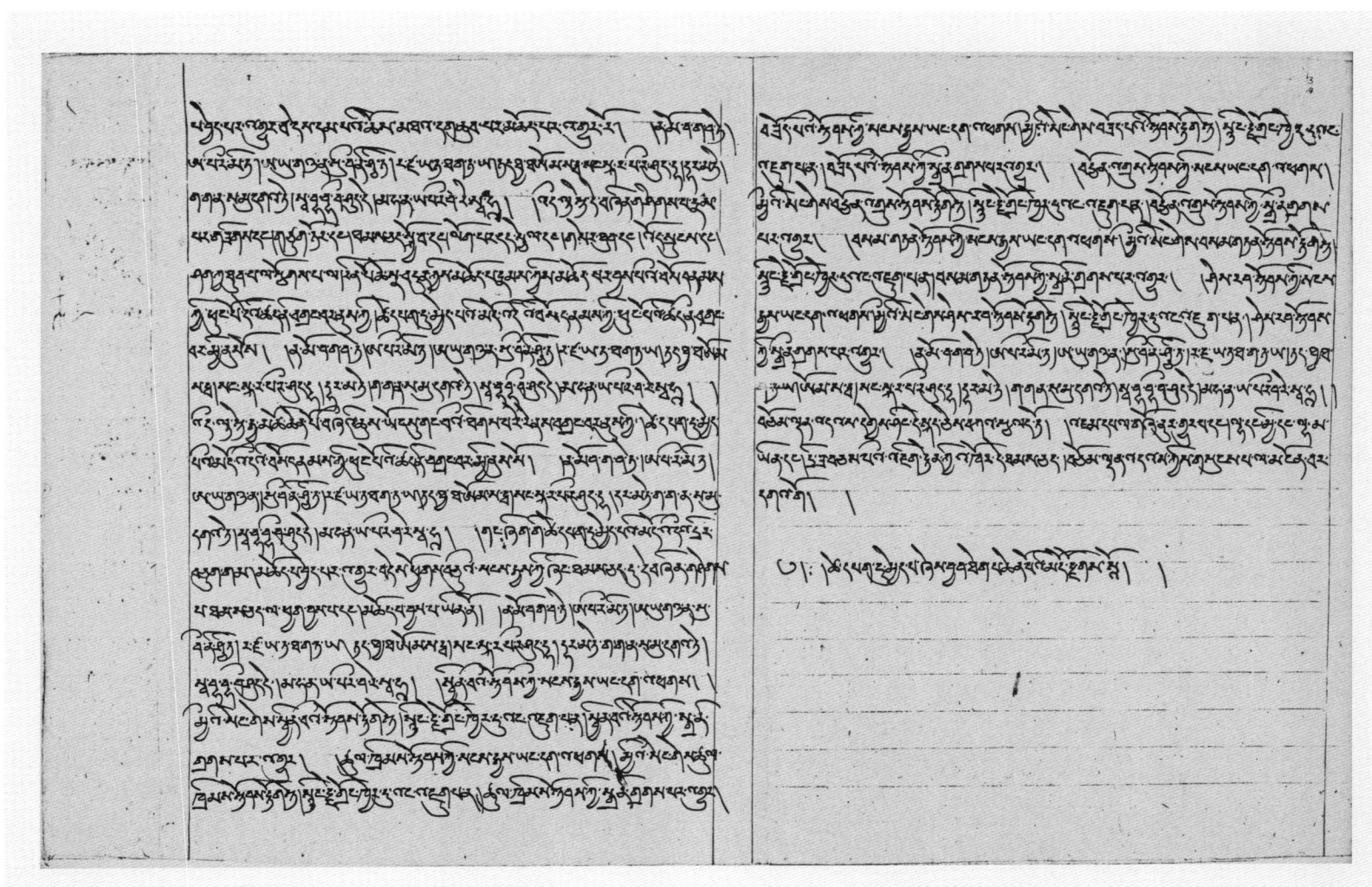

英 IOL.Tib.J.VOL.117　7.ཚེ་དཔག་དུ་མྱེད་པ་ཞེས་བྱ་བ་ཐེག་པ་ཆེན་པོའི་མདོ།
7.大乘無量壽宗要經　　(202-13)

英 IOL.Tib.J.VOL.117　8.ཚེ་དཔག་དུ་མྱེད་པ་ཞེས་བྱ་བ་ཐེག་པ་ཆེན་པོའི་མདོ།
8.大乘無量壽宗要經　　(202-14)

英 IOL.Tib.J.VOL.117 8.ཚེ་དཔག་དུ་མྱེད་པ་ཞེས་བྱ་བ་ཐེག་པ་ཆེན་པོའི་མདོ།

8.大乘無量壽宗要經　　　(202-15)

英 IOL.Tib.J.VOL.117 8.ཚེ་དཔག་དུ་མྱེད་པ་ཞེས་བྱ་བ་ཐེག་པ་ཆེན་པོའི་མདོ།　　9.བྲིས་བྱང་།

8.大乘無量壽宗要經　　　9.抄寫題記　　(202-16)

英 IOL.Tib.J.VOL.117　　10.ཚེ་དཔག་དུ་མྱེད་པ་ཞེས་བྱ་བ་ཐེག་པ་ཆེན་པོའི་མདོ།
10.大乘無量壽宗要經　　(202–17)

英 IOL.Tib.J.VOL.117　　10.ཚེ་དཔག་དུ་མྱེད་པ་ཞེས་བྱ་བ་ཐེག་པ་ཆེན་པོའི་མདོ།
10.大乘無量壽宗要經　　(202–18)

英 IOL.Tib.J.VOL.117　10.ཚེ་དཔག་ཏུ་མྱེད་པ་ཞེས་བྱ་བ་ཐེག་པ་ཆེན་པོའི་མདོ།　　11.བྲིས་བྱང་།
10.大乘無量壽宗要經　　11.抄寫題記　　(202-19)

英 IOL.Tib.J.VOL.117　12.ཚེ་དཔག་ཏུ་མྱེད་པ་ཞེས་བྱ་བ་ཐེག་པ་ཆེན་པོའི་མདོ།
12.大乘無量壽宗要經　　(202-20)

英 IOL.Tib.J.VOL.117　　12.ཚེ་དཔག་ཏུ་མྱེད་པ་ཞེས་བྱ་བ་ཐེག་པ་ཆེན་པོའི་མདོ།

12.大乘無量壽宗要經　　（202-21）

英 IOL.Tib.J.VOL.117　　12.ཚེ་དཔག་ཏུ་མྱེད་པ་ཞེས་བྱ་བ་ཐེག་པ་ཆེན་པོའི་མདོ།　　13.བྲིས་བྱང་།

12.大乘無量壽宗要經　　13.抄寫題記　　（202-22）

英 IOL.Tib.J.VOL.117　14.ཚེ་དཔག་དུ་མྱེད་པ་ཞེས་བྱ་བ་ཐེག་པ་ཆེན་པོའི་མདོ།
14.大乘無量壽宗要經　　(202–23)

英 IOL.Tib.J.VOL.117　14.ཚེ་དཔག་དུ་མྱེད་པ་ཞེས་བྱ་བ་ཐེག་པ་ཆེན་པོའི་མདོ།
14.大乘無量壽宗要經　　(202–24)

英 IOL.Tib.J.VOL.117　　14.ཚེ་དཔག་དུ་མྱེད་པ་ཞེས་བྱ་བ་ཐེག་པ་ཆེན་པོའི་མདོ།　　15.བྲིས་བྱང་།

14.大乘無量壽宗要經　　15.抄寫題記　　(202–25)

英 IOL.Tib.J.VOL.117　　16.ཚེ་དཔག་དུ་མྱེད་པ་ཞེས་བྱ་བ་ཐེག་པ་ཆེན་པོའི་མདོ།

16.大乘無量壽宗要經　　(202–26)

英 IOL.Tib.J.VOL.117　　16.ཚེ་དཔག་དུ་མྱེད་པ་ཞེས་བྱ་བ་ཐེག་པ་ཆེན་པོའི་མདོ།
16.大乘無量壽宗要經　　　(202-27)

英 IOL.Tib.J.VOL.117　　16.ཚེ་དཔག་དུ་མྱེད་པ་ཞེས་བྱ་བ་ཐེག་པ་ཆེན་པོའི་མདོ།　　　17.བྲིས་བྱང་།
16.大乘無量壽宗要經　　17.抄寫題記　　(202-28)

英 IOL.Tib.J.VOL.117　18.ཚེ་དཔག་དུ་མྱེད་པ་ཞེས་བྱ་བ་ཐེག་པ་ཆེན་པོའི་མདོ།

18.大乘無量壽宗要經　　(202–29)

英 IOL.Tib.J.VOL.117　18.ཚེ་དཔག་དུ་མྱེད་པ་ཞེས་བྱ་བ་ཐེག་པ་ཆེན་པོའི་མདོ།

18.大乘無量壽宗要經　　(202–30)

英 IOL.Tib.J.VOL.117　18.ཚེ་དཔག་དུ་མྱེད་པ་ཞེས་བྱ་བ་ཐེག་པ་ཆེན་པོའི་མདོ།　　　19.བྲིས་བྱང་།

18.大乘無量壽宗要經　　　19.抄寫題記　　　(202-31)

英 IOL.Tib.J.VOL.117　20.ཚེ་དཔག་དུ་མྱེད་པ་ཞེས་བྱ་བ་ཐེག་པ་ཆེན་པོའི་མདོ།

20.大乘無量壽宗要經　　　(202-32)

英 IOL.Tib.J.VOL.117　　20.ཚེ་དཔག་ཏུ་མྱེད་པ་ཞེས་བྱ་བ་ཐེག་པ་ཆེན་པོའི་མདོ།
20.大乘無量壽宗要經　　　(202-33)

英 IOL.Tib.J.VOL.117　　20.ཚེ་དཔག་ཏུ་མྱེད་པ་ཞེས་བྱ་བ་ཐེག་པ་ཆེན་པོའི་མདོ།　　21.བྲིས་བྱང་།
20.大乘無量壽宗要經　　21.抄寫題記　　(202-34)

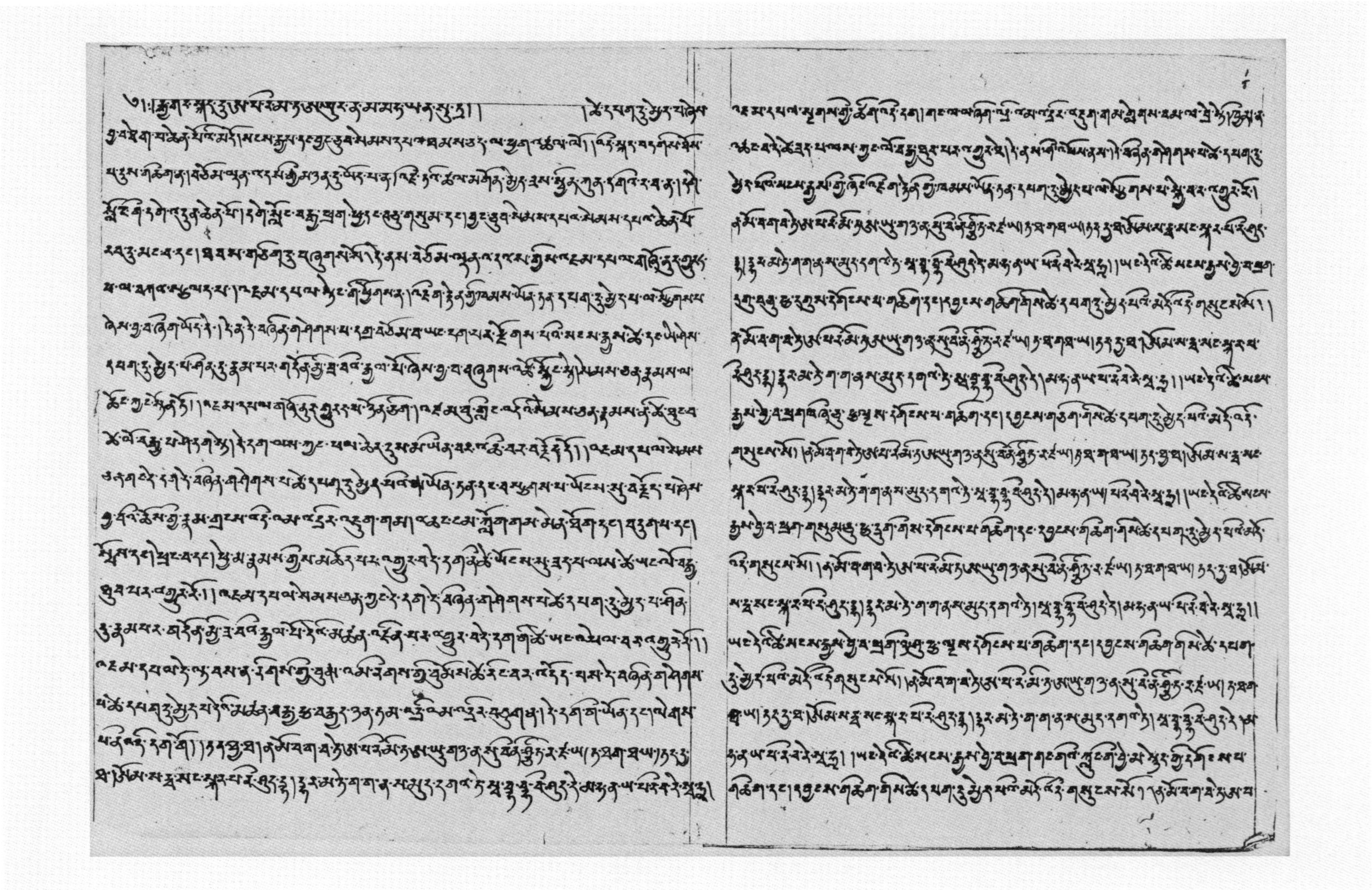

英 IOL.Tib.J.VOL.117　22.ཚེ་དཔག་ཏུ་མེད་པ་ཞེས་བྱ་བ་ཐེག་པ་ཆེན་པོའི་མདོ།
22.大乘無量壽宗要經　(202–35)

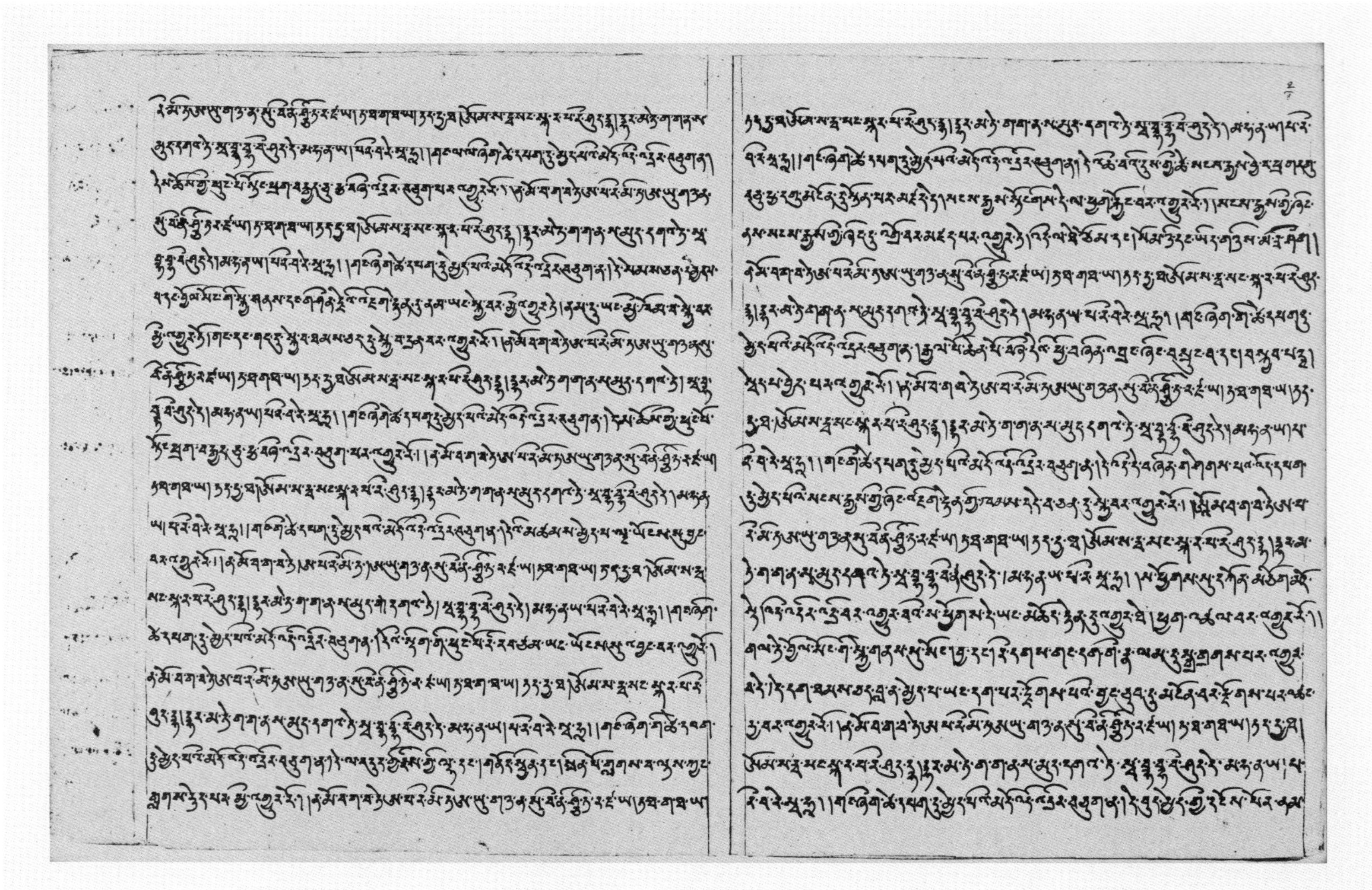

英 IOL.Tib.J.VOL.117　22.ཚེ་དཔག་ཏུ་མེད་པ་ཞེས་བྱ་བ་ཐེག་པ་ཆེན་པོའི་མདོ།
22.大乘無量壽宗要經　(202–36)

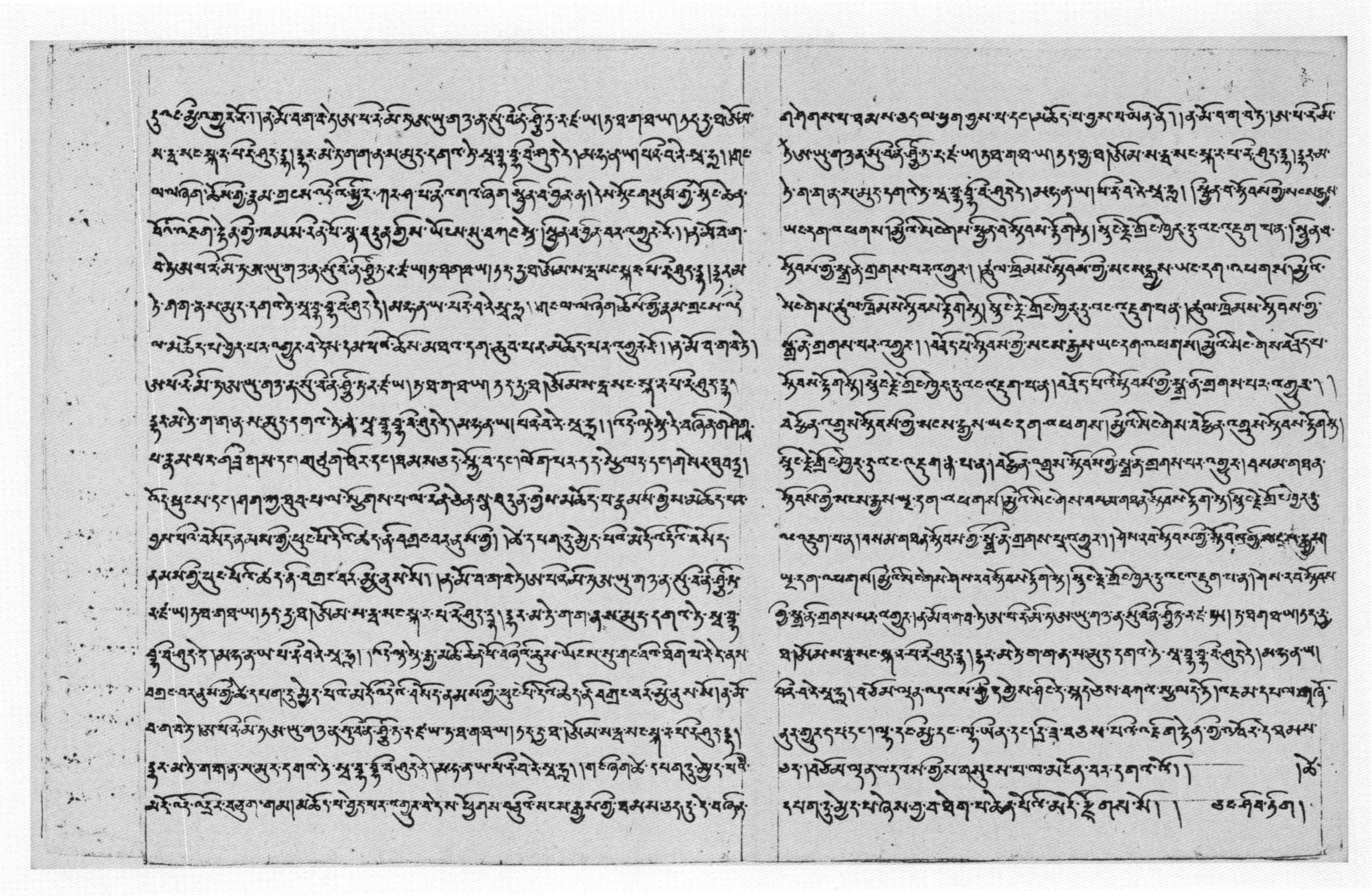

英 IOL.Tib.J.VOL.117　22.ཚེ་དཔག་ཏུ་མེད་པ་ཞེས་བྱ་བ་ཐེག་པ་ཆེན་པོའི་མདོ།　23.བྲིས་བྱང་།

22.大乘無量壽宗要經　23.抄寫題記　(202–37)

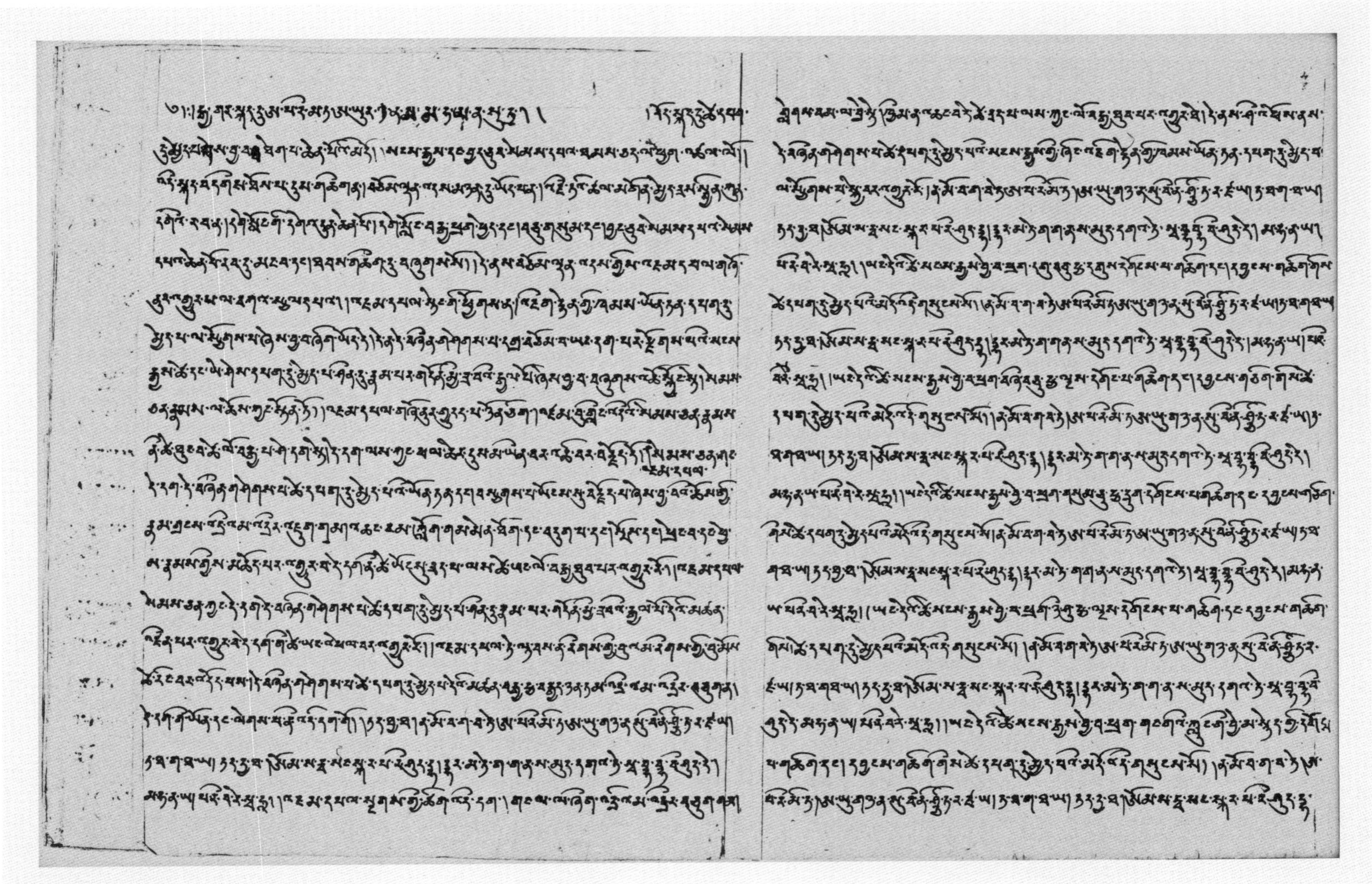

英 IOL.Tib.J.VOL.117　24.ཚེ་དཔག་ཏུ་མེད་པ་ཞེས་བྱ་བ་ཐེག་པ་ཆེན་པོའི་མདོ།

24.大乘無量壽宗要經　(202–38)

英 IOL.Tib.J.VOL.117　24.ཚེ་དཔག་དུ་མྱེད་པ་ཞེས་བྱ་བ་ཐེག་པ་ཆེན་པོའི་མདོ།
24.大乘無量壽宗要經　　　(202–39)

英 IOL.Tib.J.VOL.117　24.ཚེ་དཔག་དུ་མྱེད་པ་ཞེས་བྱ་བ་ཐེག་པ་ཆེན་པོའི་མདོ།　25.བྲིས་བྱང་།
24.大乘無量壽宗要經　　25.抄寫題記　(202–40)

英 IOL.Tib.J.VOL.117　　26.ཚེ་དཔག་དུ་མྱེད་པ་ཞེས་བྱ་བ་ཐེག་པ་ཆེན་པོའི་མདོ།
26.大乘無量壽宗要經　　　(202–41)

英 IOL.Tib.J.VOL.117　　26.ཚེ་དཔག་དུ་མྱེད་པ་ཞེས་བྱ་བ་ཐེག་པ་ཆེན་པོའི་མདོ།
26.大乘無量壽宗要經　　　(202–42)

英 IOL.Tib.J.VOL.117　26.ཚེ་དཔག་དུ་མྱེད་པ་ཞེས་བྱུ་བ་ཐེག་པ་ཆེན་པོའི་མདོ།　27.བྲིས་བྱང་།
26.大乘無量壽宗要經　27.抄寫題記　(202–43)

英 IOL.Tib.J.VOL.117　28.ཚེ་དཔག་དུ་མྱེད་པ་ཞེས་བྱ་བའི་ཐེག་པ་ཆེན་པོའི་མདོ།
28.大乘無量壽宗要經　(202–44)

英 IOL.Tib.J.VOL.117　28.ཚེ་དཔག་དུ་མྱེད་པ་ཞེས་བྱ་བའི་ཐེག་པ་ཆེན་པོའི་མདོ།
28.大乘無量壽宗要經　　(202-45)

英 IOL.Tib.J.VOL.117　28.ཚེ་དཔག་དུ་མྱེད་པ་ཞེས་བྱ་བའི་ཐེག་པ་ཆེན་པོའི་མདོ།　29.ཞེས་བྱང་།
28.大乘無量壽宗要經　　29.抄寫題記　　(202-46)

英 IOL.Tib.J.VOL.117　　30.ཚེ་དཔག་དུ་མྱེད་པ་ཞེས་བྱ་བ་ཐེག་པ་ཆེན་པོའི་མདོ།

30.大乘無量壽宗要經　　　　（202–47）

英 IOL.Tib.J.VOL.117　　30.ཚེ་དཔག་དུ་མྱེད་པ་ཞེས་བྱ་བ་ཐེག་པ་ཆེན་པོའི་མདོ།

30.大乘無量壽宗要經　　　　（202–48）

英 IOL.Tib.J.VOL.117　30.ཚེ་དཔག་དུ་མྱེད་པ་ཞེས་བྱ་བ་ཐེག་པ་ཆེན་པོའི་མདོ།　31.བྲིས་བྱང་།

30.大乘無量壽宗要經　　31.抄寫題記　　(202-49)

英 IOL.Tib.J.VOL.117　32.ཚེ་དཔག་དུ་མྱེད་པ་ཞེས་བྱ་བ་ཐེག་པ་ཆེན་པོའི་མདོ།

32.大乘無量壽宗要經　　(202-50)

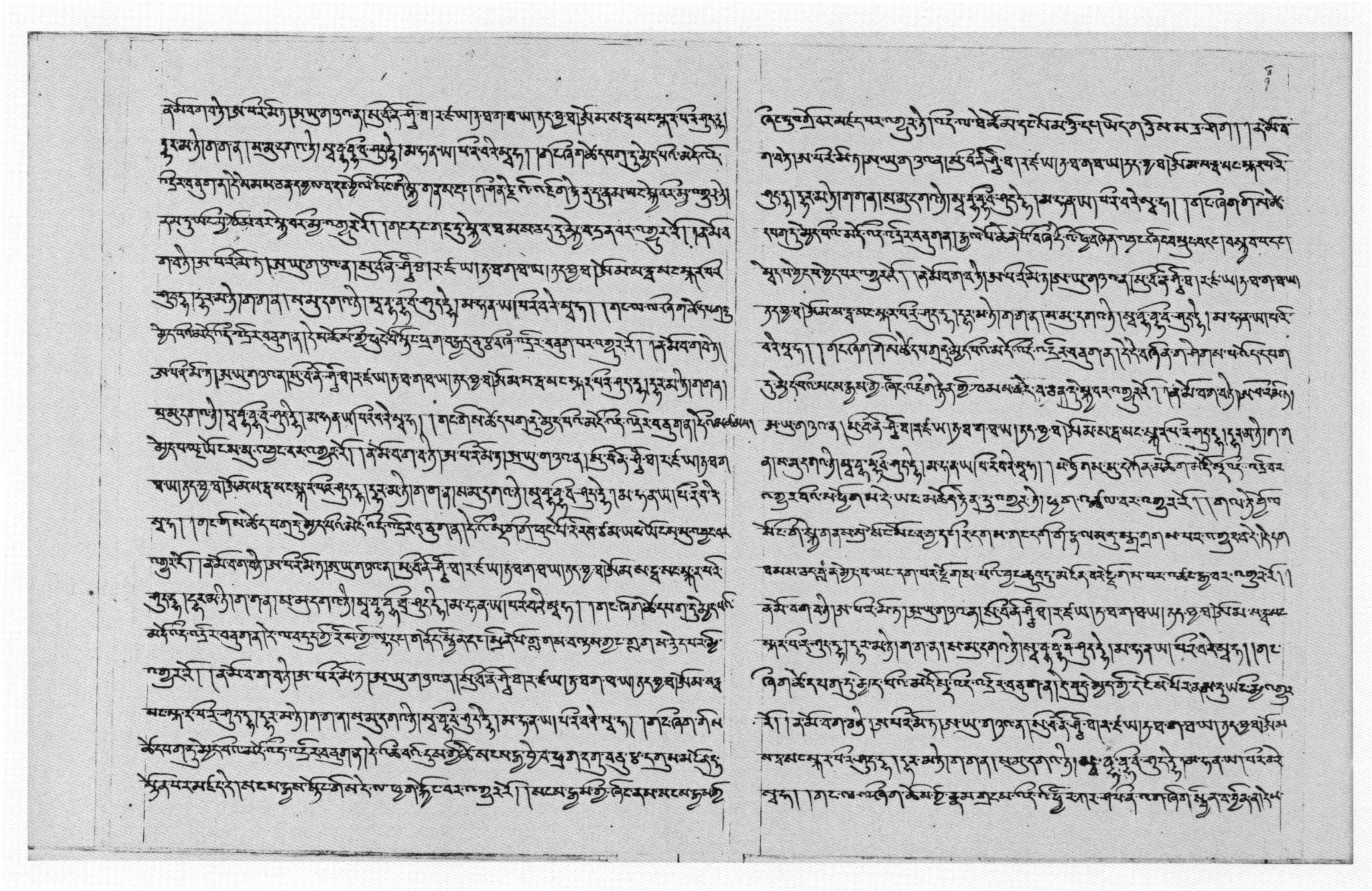

英 IOL.Tib.J.VOL.117　32.ཚེ་དཔག་དུ་མེད་པ་ཞེས་བྱ་བ་ཐེག་པ་ཆེན་པོའི་མདོ།
32.大乘無量壽宗要經　(202–51)

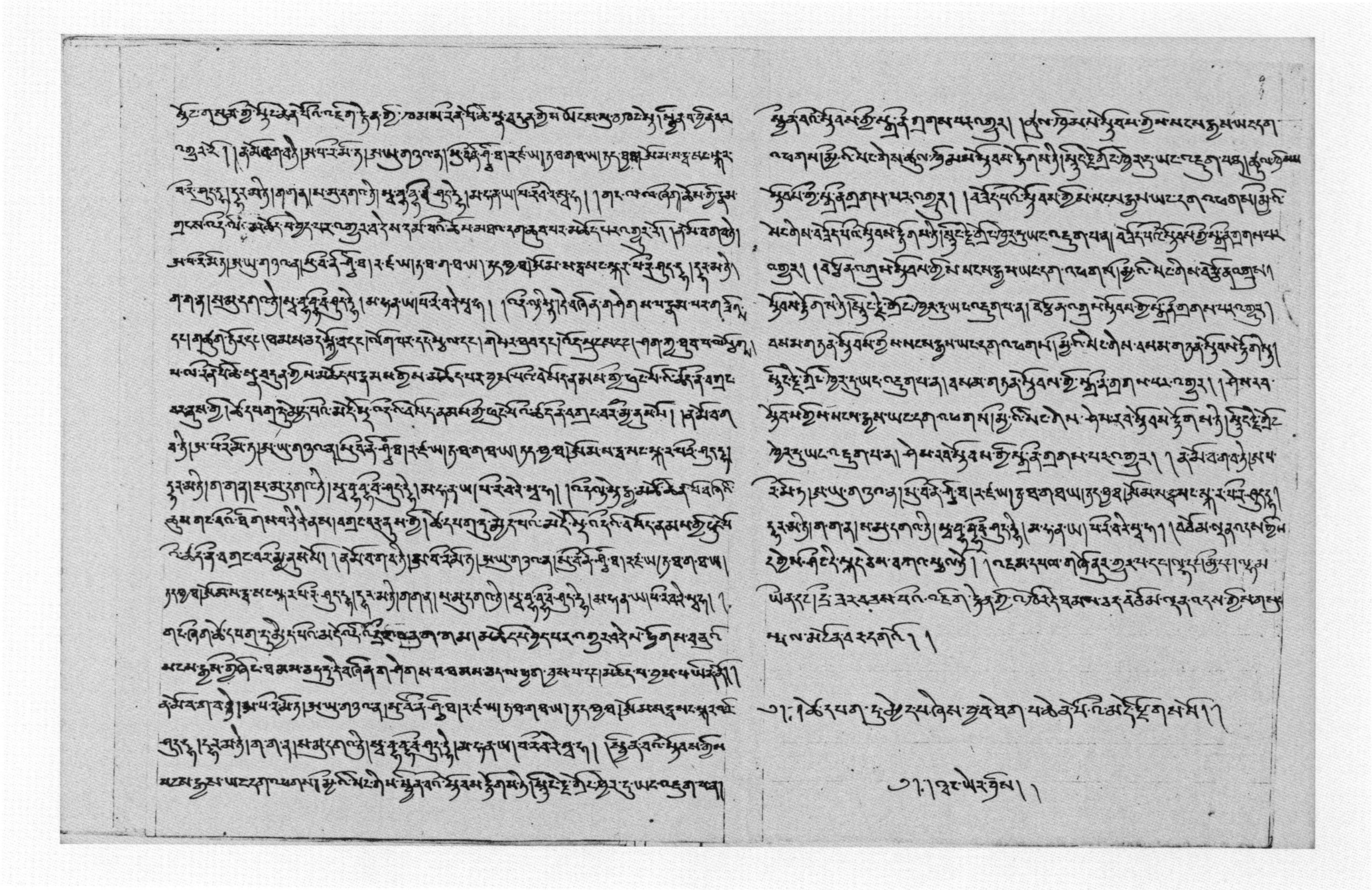

英 IOL.Tib.J.VOL.117　32.ཚེ་དཔག་དུ་མེད་པ་ཞེས་བྱ་བ་ཐེག་པ་ཆེན་པོའི་མདོ།　33.བྲིས་བྱང་།
32.大乘無量壽宗要經　33.抄寫題記　(202–52)

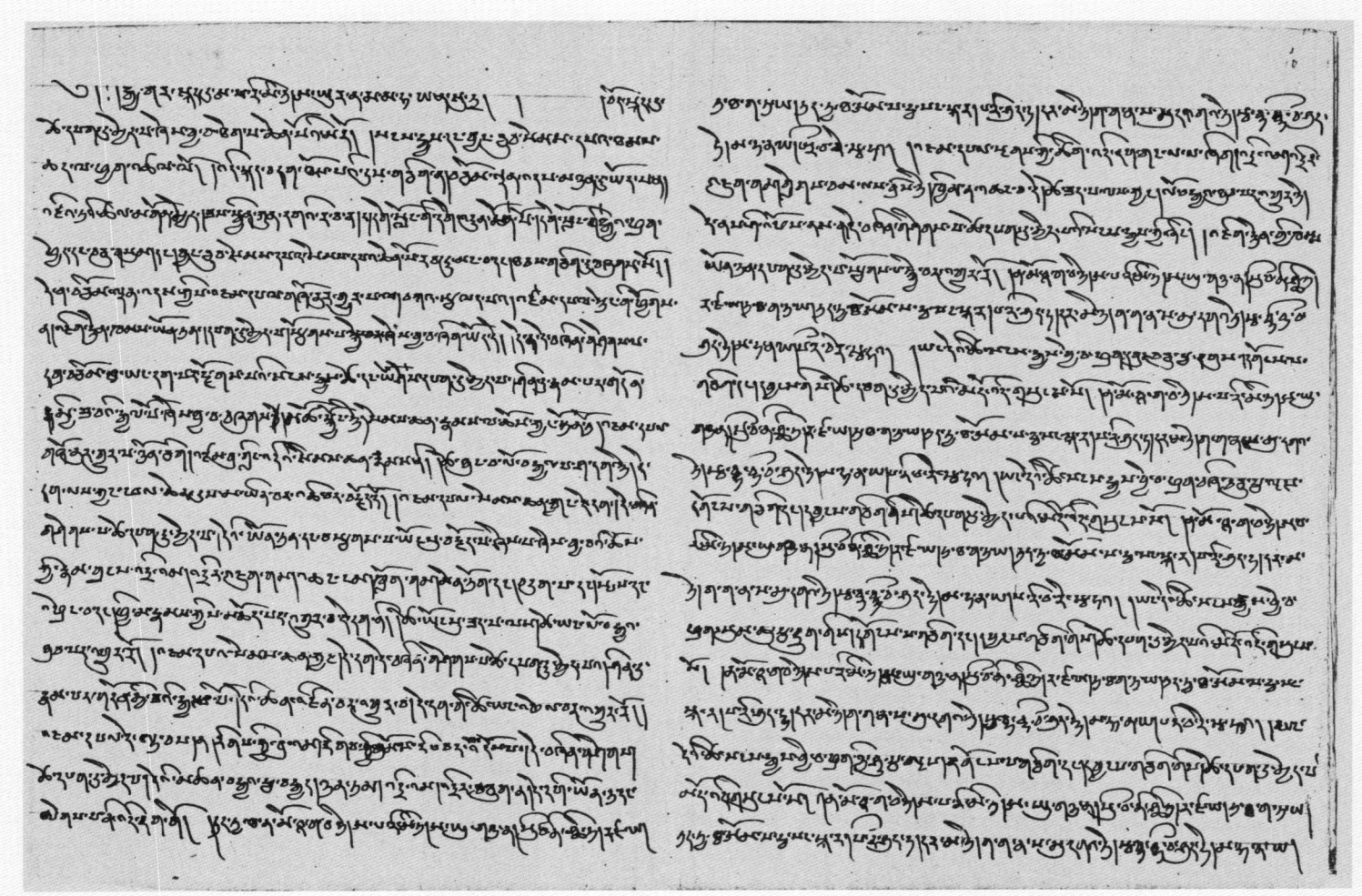

英 IOL.Tib.J.VOL.117　34.ཚེ་དཔག་དུ་མྱེད་པ་ཞེས་བྱ་བ་ཐེག་པ་ཆེན་པོའི་མདོ།
34.大乘無量壽宗要經　　(202-53)

英 IOL.Tib.J.VOL.117　34.ཚེ་དཔག་དུ་མྱེད་པ་ཞེས་བྱ་བ་ཐེག་པ་ཆེན་པོའི་མདོ།
34.大乘無量壽宗要經　　(202-54)

英 IOL.Tib.J.VOL.117 34.ཚེ་དཔག་དུ་མྱེད་པ་ཞེས་བྱ་བ་ཐེག་པ་ཆེན་པོའི་མདོ། 35.བྲིས་བྱང་།
34.大乘無量壽宗要經　　35.抄寫題記　　(202-55)

英 IOL.Tib.J.VOL.117 36.ཚེ་དཔག་དུ་མྱེད་པའ་ཞེས་བྱ་བ་ཐེག་པ་ཆེན་པོའི་མདོ།
36.大乘無量壽宗要經　　(202-56)

英 IOL.Tib.J.VOL.117　36.ཚེ་དཔག་དུ་མྱེད་པའ་ཞེས་བྱ་བ་ཐེག་པ་ཆེན་པོའི་མདོ།
36.大乘無量壽宗要經　　(202-57)

英 IOL.Tib.J.VOL.117　36.ཚེ་དཔག་དུ་མྱེད་པའ་ཞེས་བྱ་བ་ཐེག་པ་ཆེན་པོའི་མདོ།　　37.བྲིས་བྱད།
36.大乘無量壽宗要經　　37.抄寫題記　　(202-58)

英 IOL.Tib.J.VOL.117　38.ཚེ་དཔག་ཏུ་མྱེད་པ་ཞེས་བྱ་བ་ཐེག་པ་ཆེན་པོའི་མདོ།
38.大乘無量壽宗要經　　(202-59)

英 IOL.Tib.J.VOL.117　38.ཚེ་དཔག་ཏུ་མྱེད་པ་ཞེས་བྱ་བ་ཐེག་པ་ཆེན་པོའི་མདོ།
38.大乘無量壽宗要經　　(202-60)

英 IOL.Tib.J.VOL.117　38.ཚེ་དཔག་དུ་མྱེད་པ་ཞེས་བྱ་བ་ཐེག་པ་ཆེན་པོའི་མདོ།　39.བྲིས་བྱང་།

38.大乘無量壽宗要經　　　39.抄寫題記　　（202-61）

英 IOL.Tib.J.VOL.117　40.ཚེ་དཔག་དུ་མྱེད་པ་ཞེས་བྱ་བ་ཐེག་པ་ཆེན་པོའི་མདོ།

40.大乘無量壽宗要經　　（202-62）

英 IOL.Tib.J.VOL.117　40.ཚེ་དཔག་དུ་མྱེད་པ་ཞེས་བྱ་བ་ཐེག་པ་ཆེན་པོ་འི་མདོ།
40.大乘無量壽宗要經　　(202-63)

英 IOL.Tib.J.VOL.117　40.ཚེ་དཔག་དུ་མྱེད་པ་ཞེས་བྱ་བ་ཐེག་པ་ཆེན་པོ་འི་མདོ།　　41.བྲིས་བྱང་།
40.大乘無量壽宗要經　　41.抄寫題記　　(202-64)

英 IOL.Tib.J.VOL.117　42.ཆེ་དཔག་དུ་མྱེད་པ་ཞེས་བྱ་བ་ཐེག་པ་ཆེན་པོའི་མདོ།
42.大乘無量壽宗要經　　（202-65）

英 IOL.Tib.J.VOL.117　42.ཆེ་དཔག་དུ་མྱེད་པ་ཞེས་བྱ་བ་ཐེག་པ་ཆེན་པོའི་མདོ།
42.大乘無量壽宗要經　　（202-66）

英 IOL.Tib.J.VOL.117　42.ཚེ་དཔག་དུ་མྱེད་པ་ཞེས་བྱ་བ་ཐེག་པ་ཆེན་པོ་འི་མདོ།　　43.བྲིས་བྱང་།

42.大乘無量壽宗要經　　43.抄寫題記　　(202-67)

英 IOL.Tib.J.VOL.117　44.ཚེ་དཔག་དུ་མྱེད་པ་ཞེས་བྱ་བ་ཐེག་པ་ཆེན་པོ་འི་མདོ།

44.大乘無量壽宗要經　　(202-68)

英 IOL.Tib.J.VOL.117　44.ཚེ་དཔག་དུ་མྱེད་པ་ཞེས་བྱ་བ་ཐེག་པ་ཆེན་པོ འི་མདོ།
44.大乘無量壽宗要經　　　(202-69)

英 IOL.Tib.J.VOL.117　44.ཚེ་དཔག་དུ་མྱེད་པ་ཞེས་བྱ་བ་ཐེག་པ་ཆེན་པོ འི་མདོ།　45.བྲིས་བྱང་།
44.大乘無量壽宗要經　　45.抄寫題記　　(202-70)

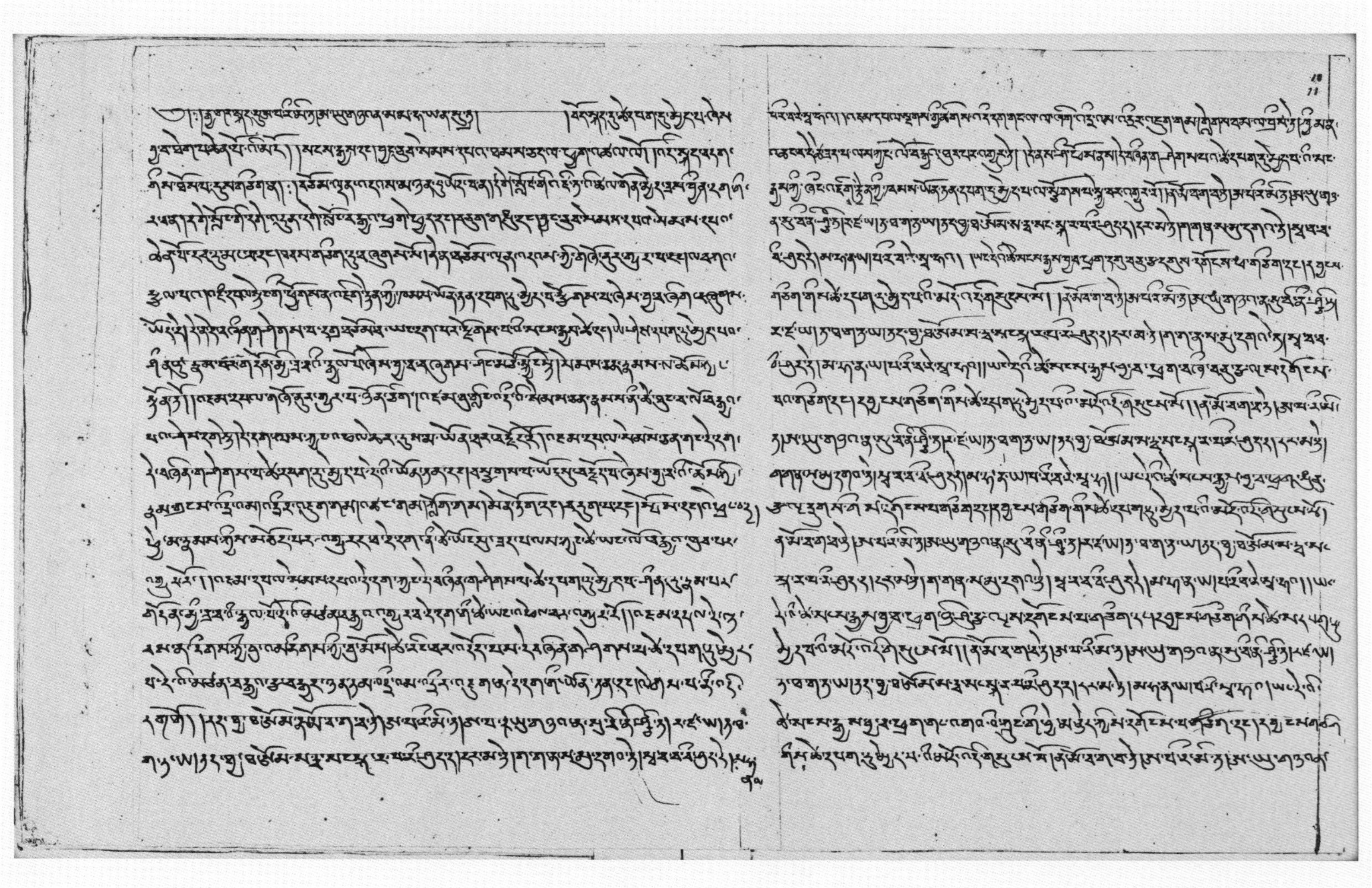

英 IOL.Tib.J.VOL.117 46.ཚེ་དཔག་དུ་མེད་པ་ཞེས་བྱ་བ་ཐེག་པ་ཆེན་པོའི་མདོ།
46.大乘無量壽宗要經 (202–71)

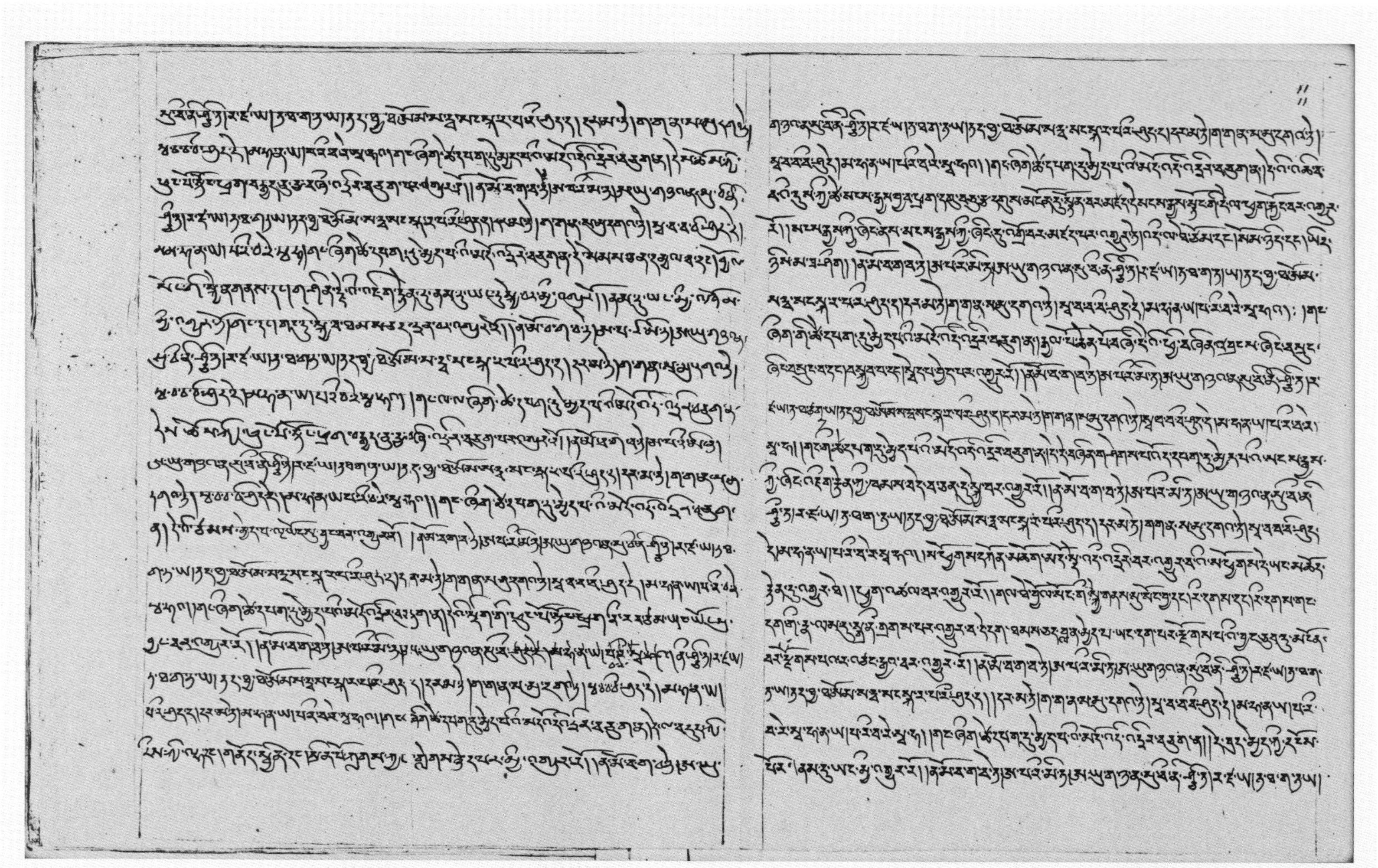

英 IOL.Tib.J.VOL.117 46.ཚེ་དཔག་དུ་མེད་པ་ཞེས་བྱ་བ་ཐེག་པ་ཆེན་པོའི་མདོ།
46.大乘無量壽宗要經 (202–72)

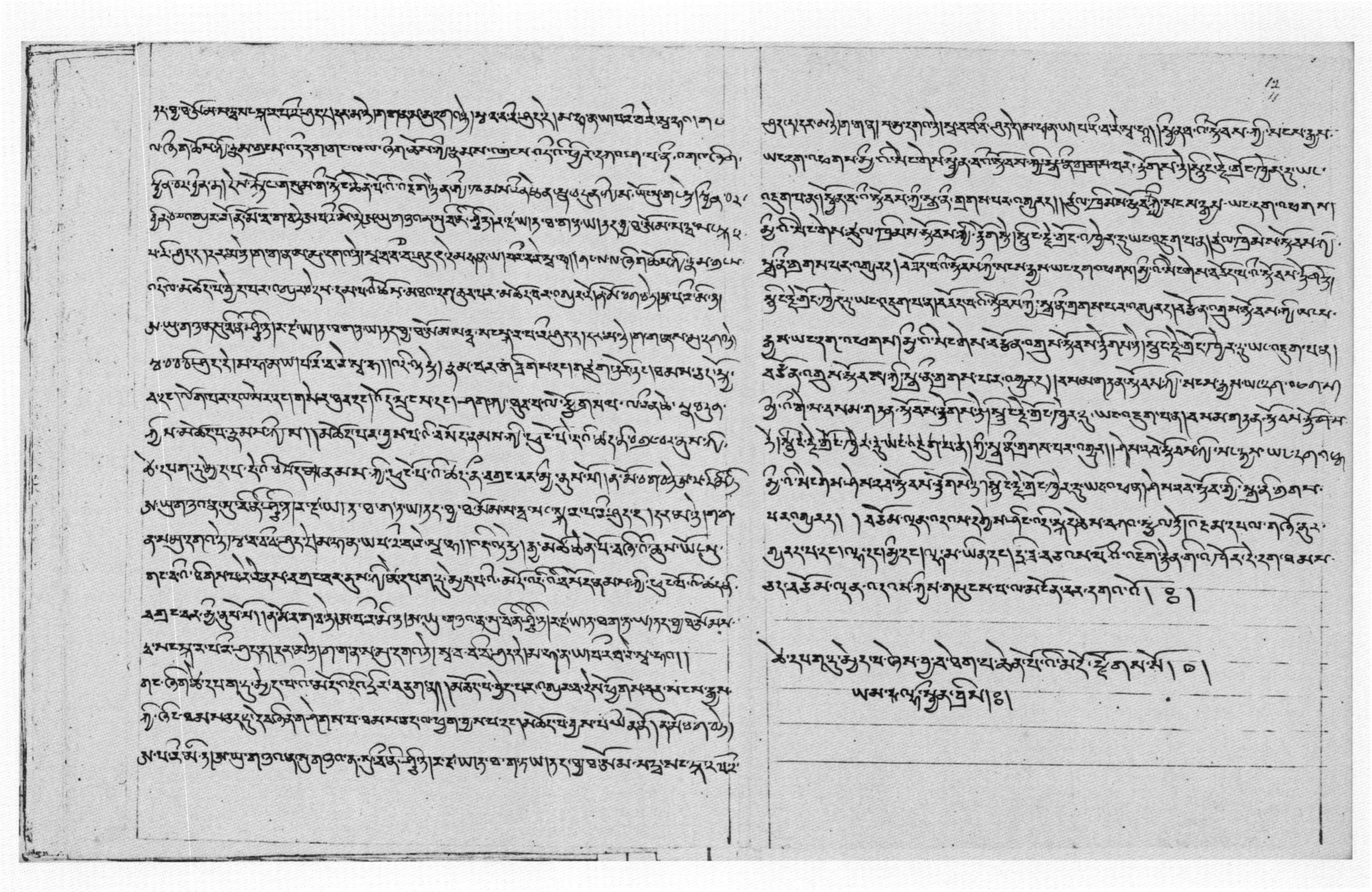

英 IOL.Tib.J.VOL.117　46.ཚེ་དཔག་དུ་མེད་པ་ཞེས་བྱ་བ་ཐེག་པ་ཆེན་པོ་འི་མདོ།　47.བྲིས་བྱང་།

46.大乘無量壽宗要經　47.抄寫題記　(202–73)

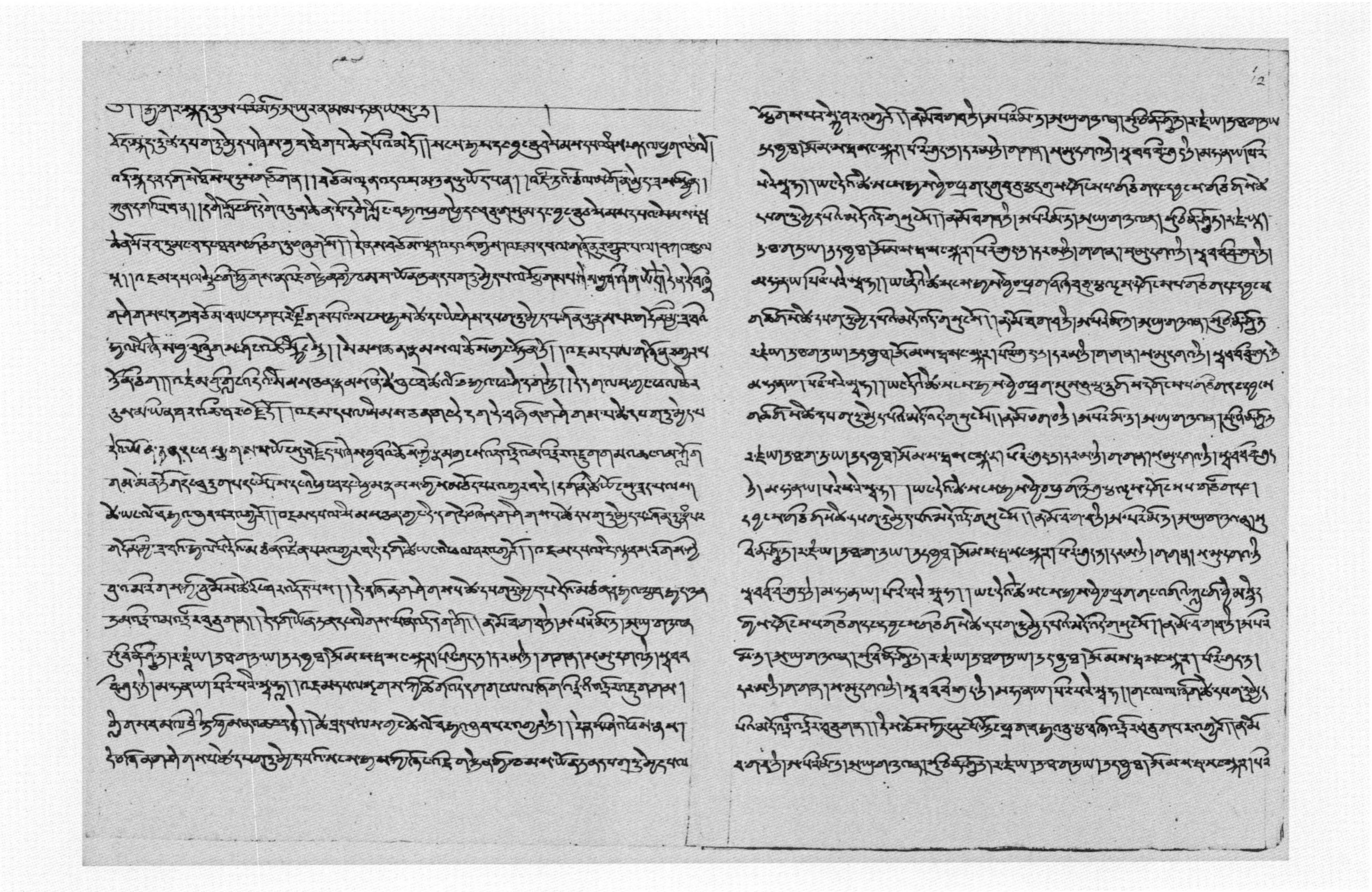

英 IOL.Tib.J.VOL.117　48.ཚེ་དཔག་དུ་མེད་པ་ཞེས་བྱ་བ་ཐེག་པ་ཆེན་པོའི་མདོ།

48.大乘無量壽宗要經　(202–74)

英 IOL.Tib.J.VOL.117　　48.ཚེ་དཔག་དུ་མྱེད་པ་ཞེས་བྱ་བ་ཐེག་པ་ཆེན་པོའི་མདོ།

48.大乘無量壽宗要經　　　(202-75)

英 IOL.Tib.J.VOL.117　　48.ཚེ་དཔག་དུ་མྱེད་པ་ཞེས་བྱ་བ་ཐེག་པ་ཆེན་པོའི་མདོ།　　　49.བྲིས་བྱང་།

48.大乘無量壽宗要經　　　49.抄寫題記　　(202-76)

英 IOL.Tib.J.VOL.117　50.ཚེ་དཔག་དུ་མྱེད་པ་ཞེས་བྱ་བ་ཐེག་པ་ཆེན་པོའི་མདོ།

50.大乘無量壽宗要經　　　(202–77)

英 IOL.Tib.J.VOL.117　50.ཚེ་དཔག་དུ་མྱེད་པ་ཞེས་བྱ་བ་ཐེག་པ་ཆེན་པོའི་མདོ།

50.大乘無量壽宗要經　　　(202–78)

英 IOL.Tib.J.VOL.117　50.ཚེ་དཔག་དུ་མྱེད་པ་ཞེས་བྱ་བ་ཐེག་པ་ཆེན་པོའི་མདོ།　51.བྲིས་བྱང་།

50.大乘無量壽宗要經　　51.抄寫題記　　(202–79)

英 IOL.Tib.J.VOL.117　52.ཚེ་དཔག་དུ་མྱེད་པ་ཞེས་བྱ་བ་ཐེག་པ་ཆེན་པོའི་མདོ།

52.大乘無量壽宗要經　　(202–80)

英 IOL.Tib.J.VOL.117　　52.ཚེ་དཔག་དུ་མྱེད་པ་ཞེས་བྱ་བ་ཐེག་པ་ཆེན་པོའི་མདོ།

52.大乘無量壽宗要經　　　(202–81)

英 IOL.Tib.J.VOL.117　　52.ཚེ་དཔག་དུ་མྱེད་པ་ཞེས་བྱ་བ་ཐེག་པ་ཆེན་པོའི་མདོ།　　　53.བྲིས་བྱད།

52.大乘無量壽宗要經　　　53.抄寫題記　　(202–82)

英 IOL.Tib.J.VOL.117　54.ཚེ་དཔག་དུ་མྱེད་པ་ཞེས་བྱ་བ་ཐེག་པ་ཆེན་པོའི་མདོ།
54.大乘無量壽宗要經　　(202–83)

英 IOL.Tib.J.VOL.117　54.ཚེ་དཔག་དུ་མྱེད་པ་ཞེས་བྱ་བ་ཐེག་པ་ཆེན་པོའི་མདོ།
54.大乘無量壽宗要經　　(202–84)

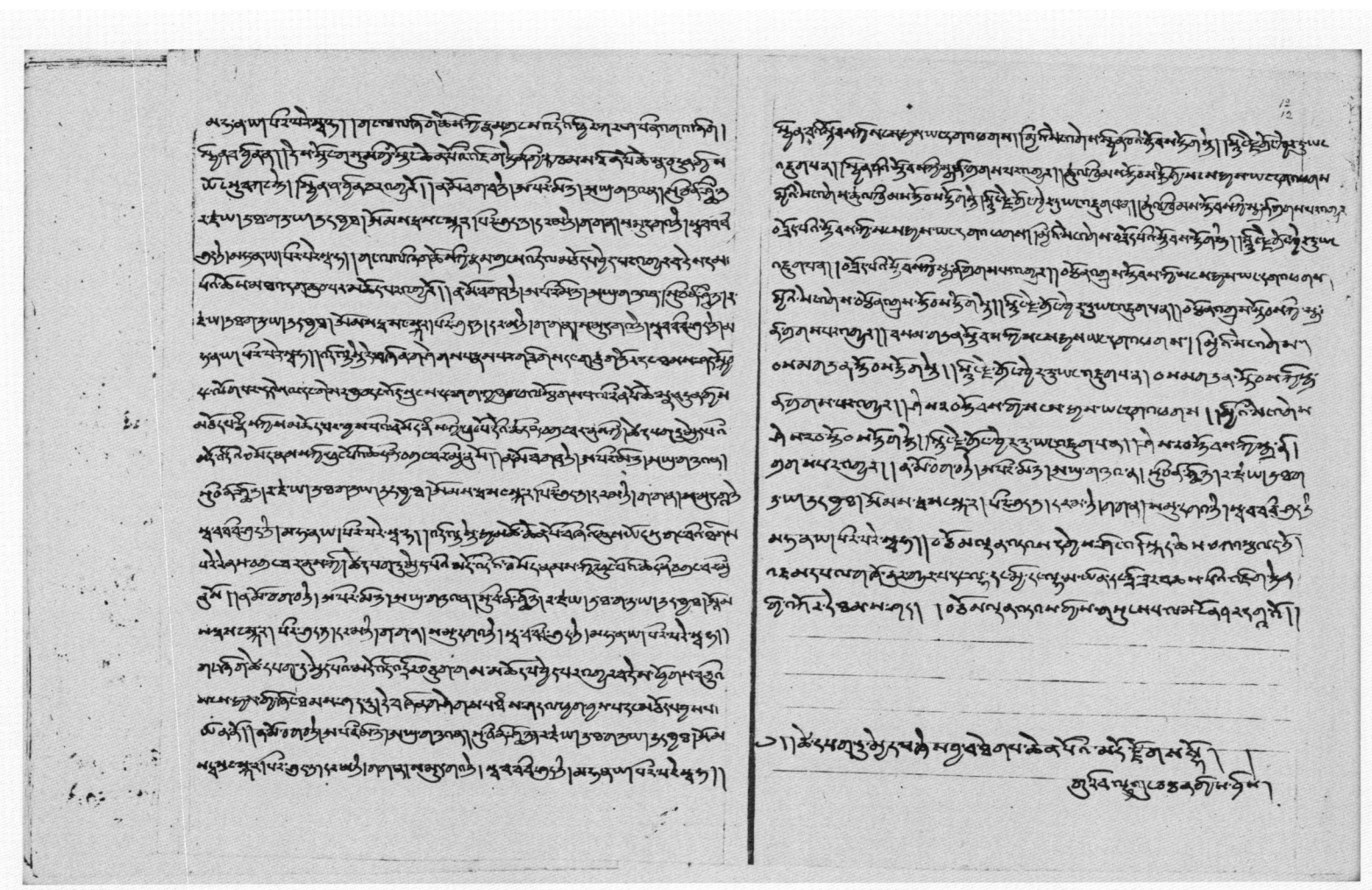

英 IOL.Tib.J.VOL.117　54.ཚེ་དཔག་དུ་མྱེད་པ་ཞེས་བྱ་བ་ཐེག་པ་ཆེན་པོའི་མདོ།　　55.བྲིས་བྱང་།

54.大乘無量壽宗要經　　55.抄寫題記　　(202-85)

英 IOL.Tib.J.VOL.117　56.ཚེ་དཔག་དུ་མྱེད་པ་ཞེས་བྱ་བ་ཐེག་པ་ཆེན་པོའི་མདོ།

56.大乘無量壽宗要經　　(202-86)

英 IOL.Tib.J.VOL.117　56.ཚེ་དཔག་དུ་མྱེད་པ་ཞེས་བྱ་བ་ཐེག་པ་ཆེན་པོའི་མདོ།
　　　　　　　　56.大乘無量壽宗要經　　　(202-87)

英 IOL.Tib.J.VOL.117　56.ཚེ་དཔག་དུ་མྱེད་པ་ཞེས་བྱ་བ་ཐེག་པ་ཆེན་པོའི་མདོ།　57.བྱིས་བྱང་།
　　　　　　　　56.大乘無量壽宗要經　　　57.抄寫題記　　(202-88)

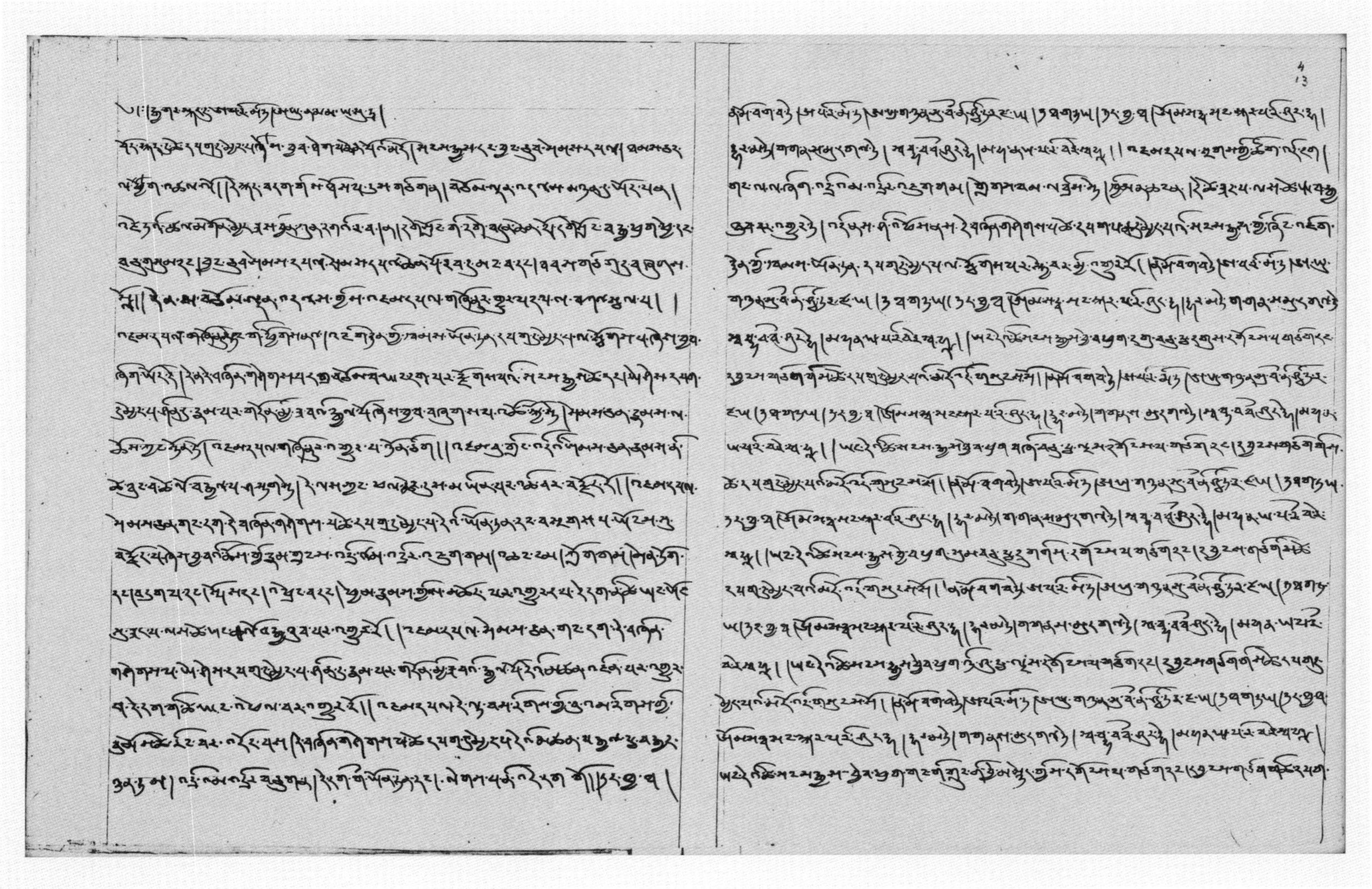

英 IOL.Tib.J.VOL.117　58.ཚེ་དཔག་ཏུ་མེད་པ་ཞེས་བྱ་བ་ཐེག་པ་ཆེན་པོའི་མདོ།
58.大乘無量壽宗要經　(202–89)

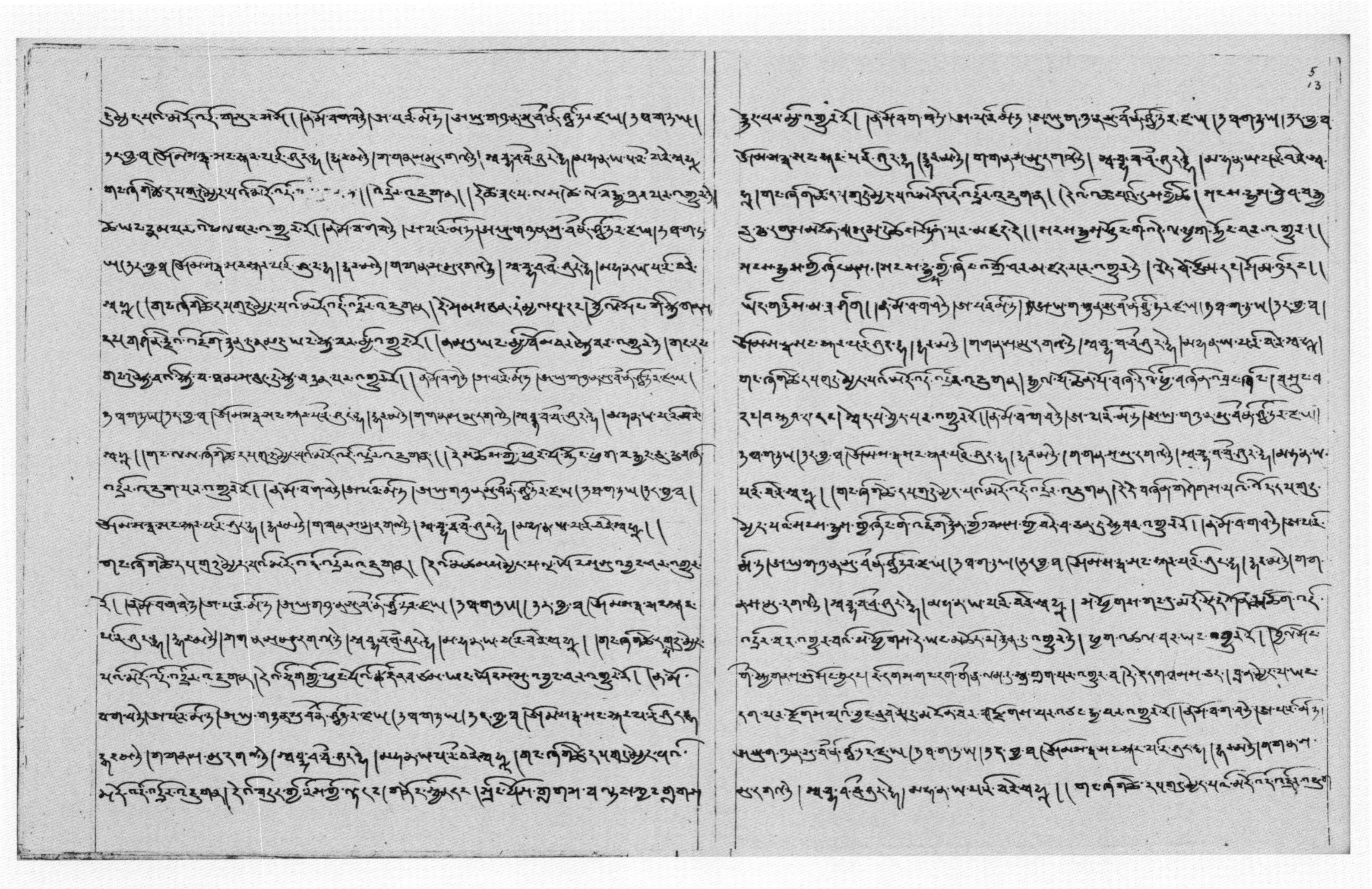

英 IOL.Tib.J.VOL.117　58.ཚེ་དཔག་ཏུ་མེད་པ་ཞེས་བྱ་བ་ཐེག་པ་ཆེན་པོའི་མདོ།
58.大乘無量壽宗要經　(202–90)

英 IOL.Tib.J.VOL.117　58.ཚེ་དཔག་དུ་མྱེད་པ་ཞེས་བྱ་བ་ཐེག་པ་ཆེན་པོའི་མདོ།　　59.བྲིས་བྱང་།
58.大乘無量壽宗要經　　59.抄寫題記　　(202–91)

英 IOL.Tib.J.VOL.117　60.ཚེ་དཔག་དུ་མྱེད་པ་ཞེས་བྱ་བ་ཐེག་པ་ཆེན་པོའི་མདོ།
60.大乘無量壽宗要經　　(202–92)

英 IOL.Tib.J.VOL.117　60.ཚེ་དཔག་དུ་མྱེད་པ་ཞེས་བྱ་བ་ཐེག་པ་ཆེན་པོའི་མདོ།
60.大乘無量壽宗要經　　(202–93)

英 IOL.Tib.J.VOL.117　60.ཚེ་དཔག་དུ་མྱེད་པ་ཞེས་བྱ་བ་ཐེག་པ་ཆེན་པོའི་མདོ།
60.大乘無量壽宗要經　　(202–94)

英 IOL.Tib.J.VOL.117 61.ཚེ་དཔག་དུ་མེད་པ་ཞེས་བྱ་བ་ཐེག་པ་ཆེན་པོའི་མདོ།
61.大乘無量壽宗要經 (202–95)

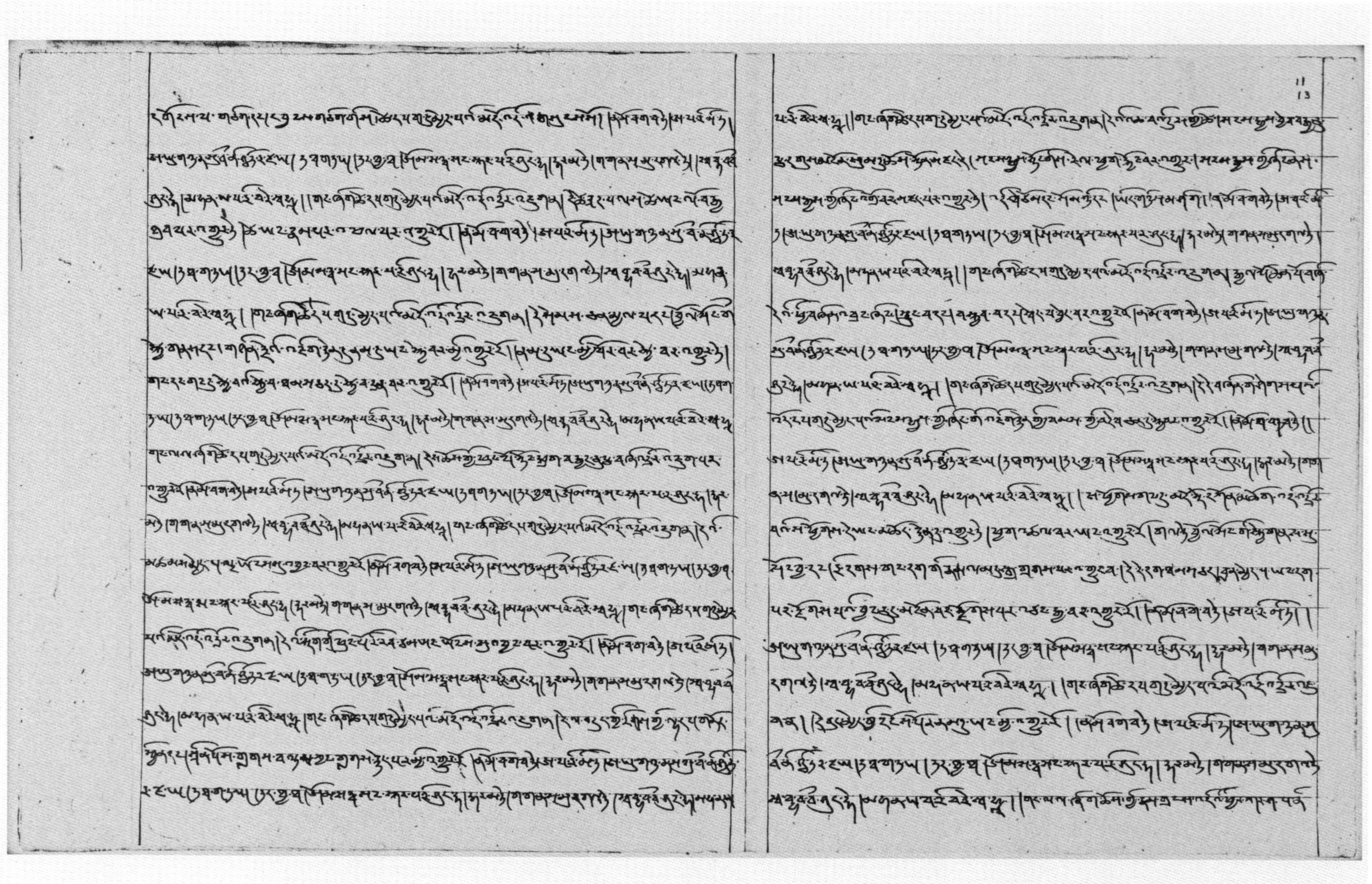

英 IOL.Tib.J.VOL.117 61.ཚེ་དཔག་དུ་མེད་པ་ཞེས་བྱ་བ་ཐེག་པ་ཆེན་པོའི་མདོ།
61.大乘無量壽宗要經 (202–96)

英 IOL.Tib.J.VOL.117　61.ཚེ་དཔག་ཏུ་མྱེད་པ་ཞེས་བྱ་བ་ཐེག་པ་ཆེན་པོའི་མདོ།　62.བྲིས་བྱང་།
61.大乘無量壽宗要經　62.抄寫題記　(202-97)

英 IOL.Tib.J.VOL.117　63.ཚེ་དཔག་ཏུ་མྱེད་པ་ཞེས་བྱ་བ་ཐེག་པ་ཆེན་པོའི་མདོ།
63.大乘無量壽宗要經　(202-98)

英 IOL.Tib.J.VOL.117　　63.ཚེ་དཔག་ཏུ་མྱེད་པ་ཞེས་བྱ་བ་ཐེག་པ་ཆེན་པོའི་མདོ།

63.大乘無量壽宗要經　　　(202-99)

英 IOL.Tib.J.VOL.117　　63.ཚེ་དཔག་ཏུ་མྱེད་པ་ཞེས་བྱ་བ་ཐེག་པ་ཆེན་པོའི་མདོ།　　　64.བྲིས་བྱང་།

63.大乘無量壽宗要經　　　64.抄寫題記　　(202-100)

英 IOL.Tib.J.VOL.117　65.ཚེ་དཔག་དུ་མྱེད་པ་ཞེས་བྱ་བ་ཐེག་པ་ཆེན་པོའི་མདོ།
65.大乘無量壽宗要經　　(202–101)

英 IOL.Tib.J.VOL.117　65.ཚེ་དཔག་དུ་མྱེད་པ་ཞེས་བྱ་བ་ཐེག་པ་ཆེན་པོའི་མདོ།
65.大乘無量壽宗要經　　(202–102)

英 IOL.Tib.J.VOL.117　65.ཚེ་དཔག་དུ་མྱེད་པ་ཞེས་བྱ་བ་ཐེག་པ་ཆེན་པོའི་མདོ།　　66.བྲིས་བྱང་།

65.大乘無量壽宗要經　　66.抄寫題記　　(202-103)

英 IOL.Tib.J.VOL.117　67.ཚེ་དཔག་དུ་མྱེད་པ་ཞེས་བྱ་བ་ཐེག་པ་ཆེན་པོའི་མདོ།

67.大乘無量壽宗要經　　(202-104)

英 IOL.Tib.J.VOL.117　67.ཚེ་དཔག་དུ་མྱེད་པ་ཞེས་བྱ་བ་ཐེག་པ་ཆེན་པོའི་མདོ།
67.大乘無量壽宗要經　　　(202–105)

英 IOL.Tib.J.VOL.117　67.ཚེ་དཔག་དུ་མྱེད་པ་ཞེས་བྱ་བ་ཐེག་པ་ཆེན་པོའི་མདོ།　68.བྲིས་བྱང་།
67.大乘無量壽宗要經　　68.抄寫題記　　(202–106)

英 IOL.Tib.J.VOL.117　69.ཆོ་དཔག་དུ་མྱེད་པ་ཞེས་བྱ་བ་ཐེག་པ་ཆེན་པོ་མདོའ།
69.大乘無量壽宗要經　　(202–107)

英 IOL.Tib.J.VOL.117　69.ཆོ་དཔག་དུ་མྱེད་པ་ཞེས་བྱ་བ་ཐེག་པ་ཆེན་པོ་མདོའ།
69.大乘無量壽宗要經　　(202–108)

英 IOL.Tib.J.VOL.117　69.ཚེ་དཔག་དུ་མྱེད་པ་ཞེས་བྱ་བ་ཐེག་པ་ཆེན་པོ་མདོ།　70.བྲིས་བྱུང་།

69.大乘無量壽宗要經　　70.抄寫題記　　(202–109)

英 IOL.Tib.J.VOL.117　71.ཚེ་དཔག་དུ་མྱེད་པ་ཞེས་བྱ་བ་ཐེག་པ་ཆེན་པོའི་མདོ།

71.大乘無量壽宗要經　　(202–110)

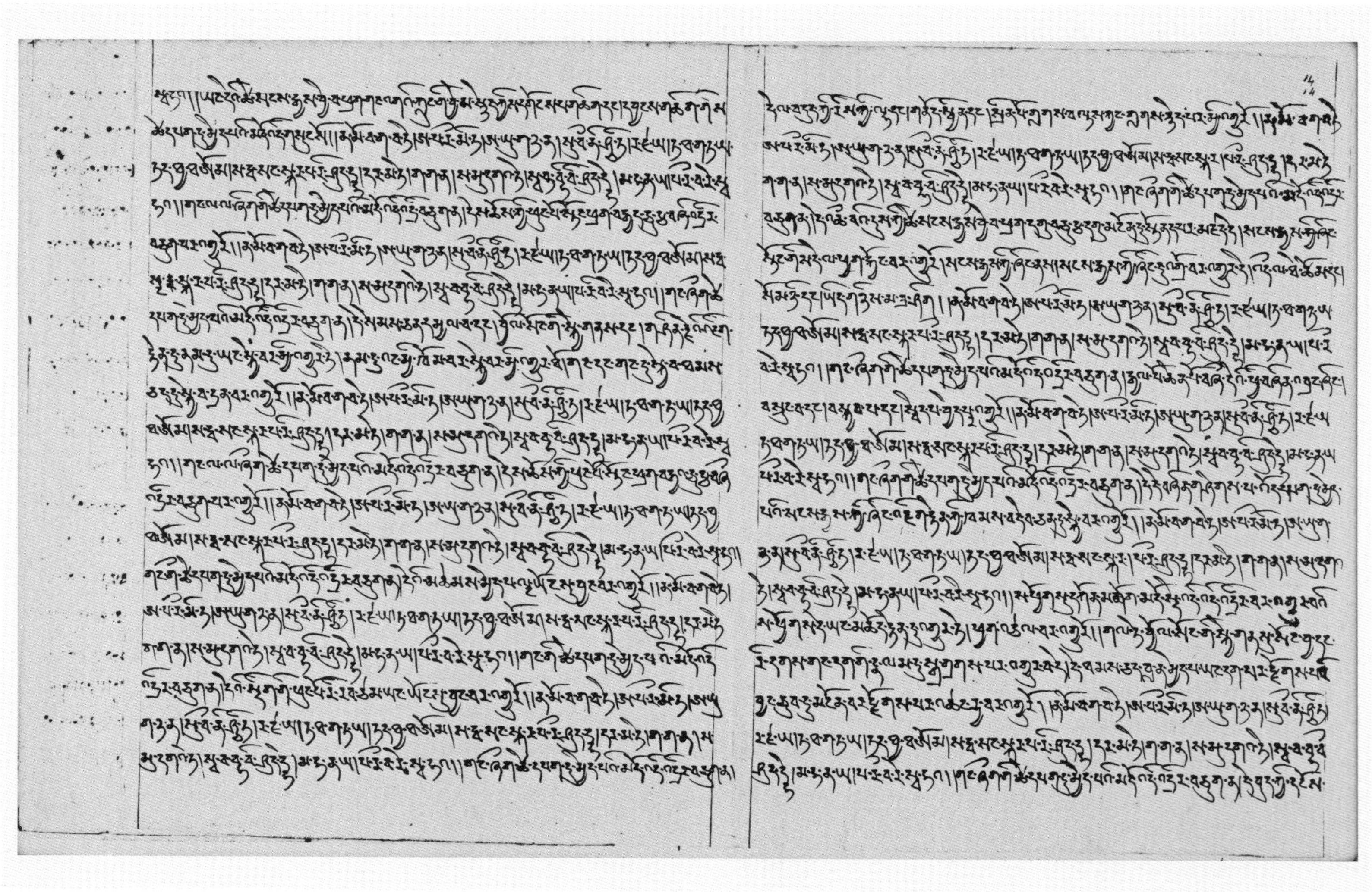

英 IOL.Tib.J.VOL.117　71.ཚེ་དཔག་དུ་མེད་པ་ཞེས་བྱ་བ་ཐེག་པ་ཆེན་པོའི་མདོ།
71.大乘無量壽宗要經　(202–111)

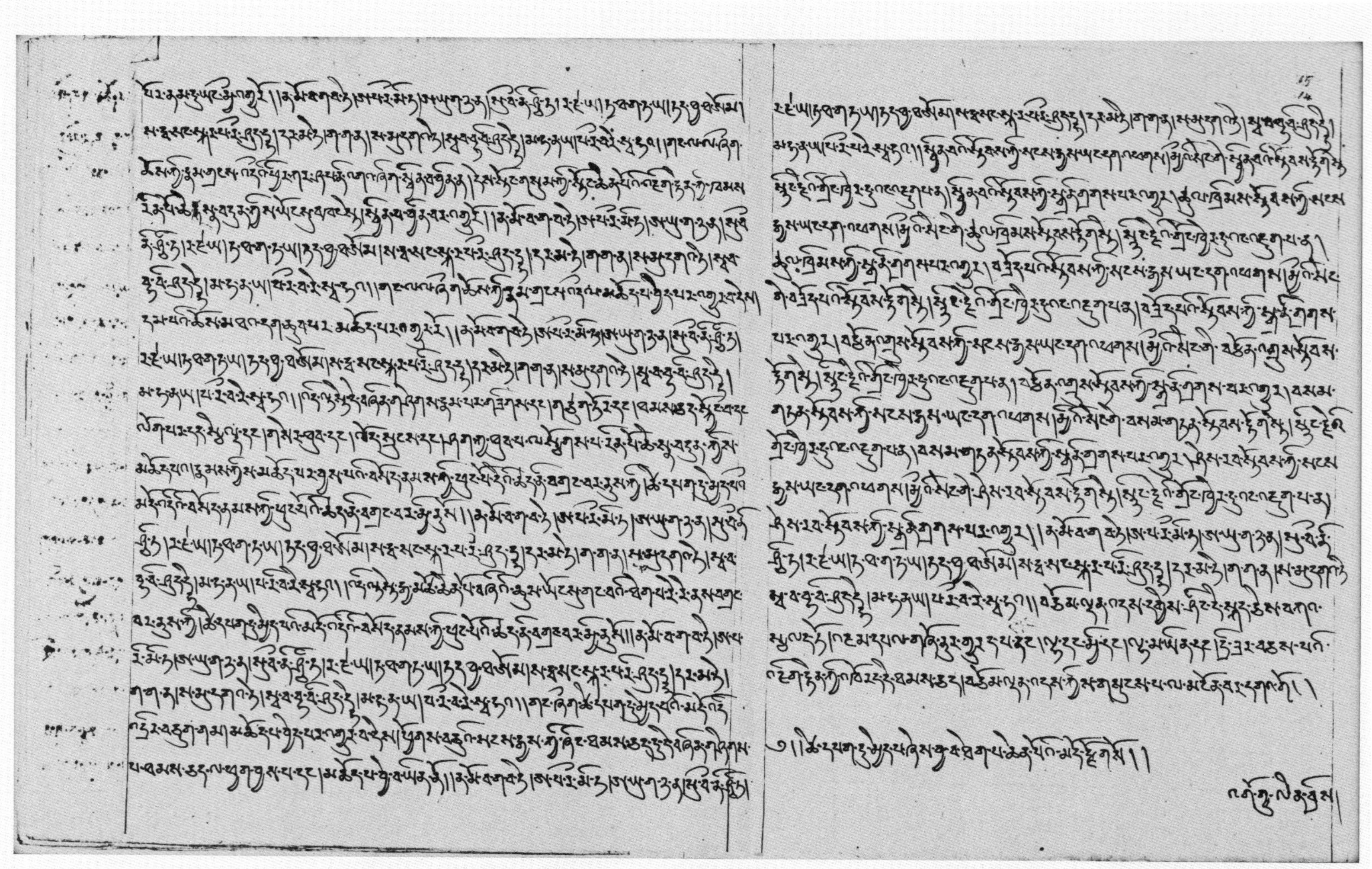

英 IOL.Tib.J.VOL.117　71.ཚེ་དཔག་དུ་མེད་པ་ཞེས་བྱ་བ་ཐེག་པ་ཆེན་པོའི་མདོ།　72.བྲིས་བྱང་།
71.大乘無量壽宗要經　72.抄寫題記　(202–112)

英 IOL.Tib.J.VOL.117　73.ཚེ་དཔག་དུ་མྱེད་པ་ཞེས་བྱ་བ་ཐེག་པ་ཆེན་པོའི་མདོ།

73.大乘無量壽宗要經　　(202-113)

英 IOL.Tib.J.VOL.117　73.ཚེ་དཔག་དུ་མྱེད་པ་ཞེས་བྱ་བ་ཐེག་པ་ཆེན་པོའི་མདོ།

73.大乘無量壽宗要經　　(202-114)

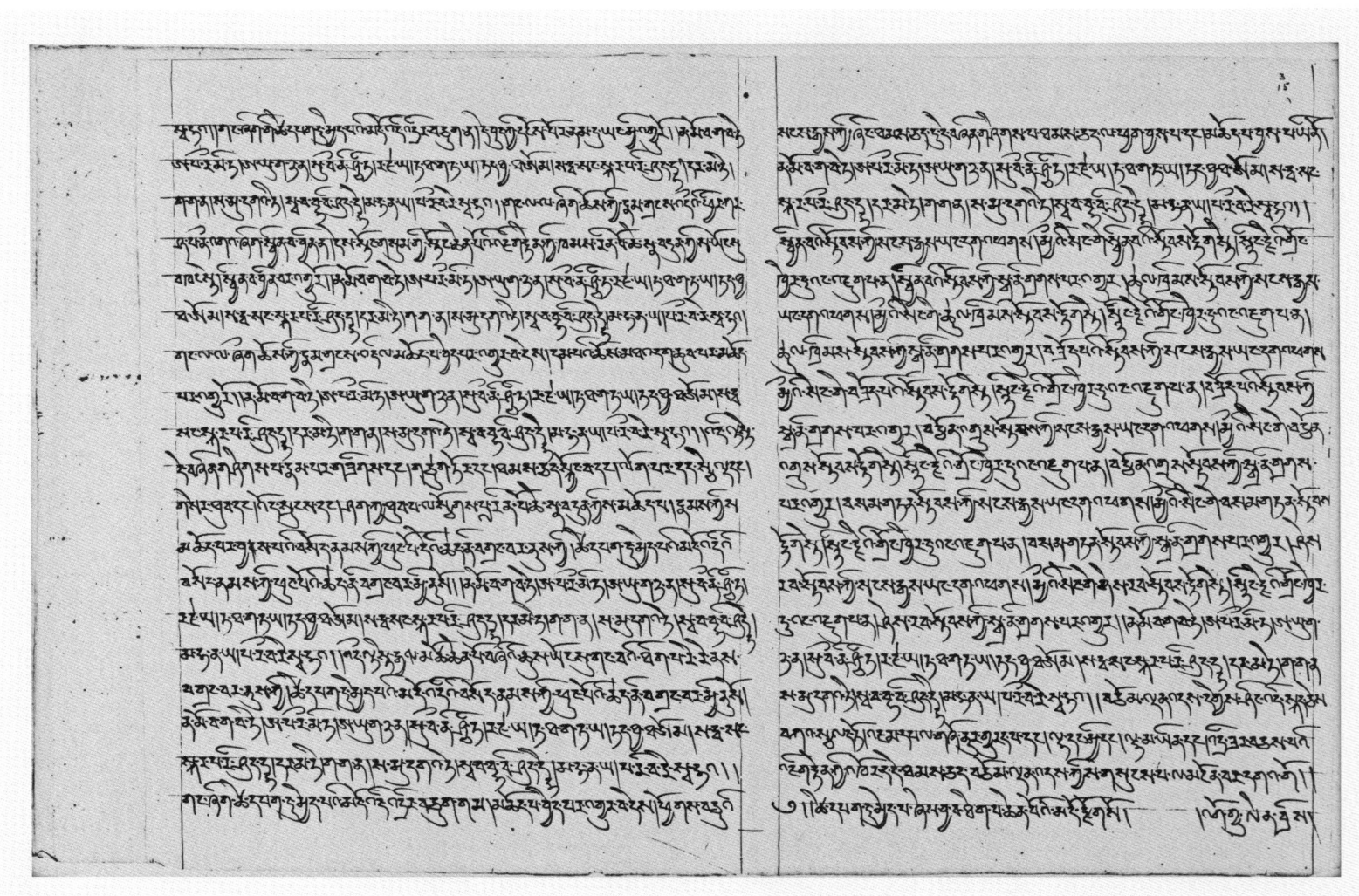

英 IOL.Tib.J.VOL.117　73.ཚེ་དཔག་དུ་མྱེད་པ་ཞེས་བྱ་བ་ཐེག་པ་ཆེན་པོའི་མདོ།　　74.བྲིས་བྱང་།

73.大乘無量壽宗要經　　74.抄寫題記　　(202–115)

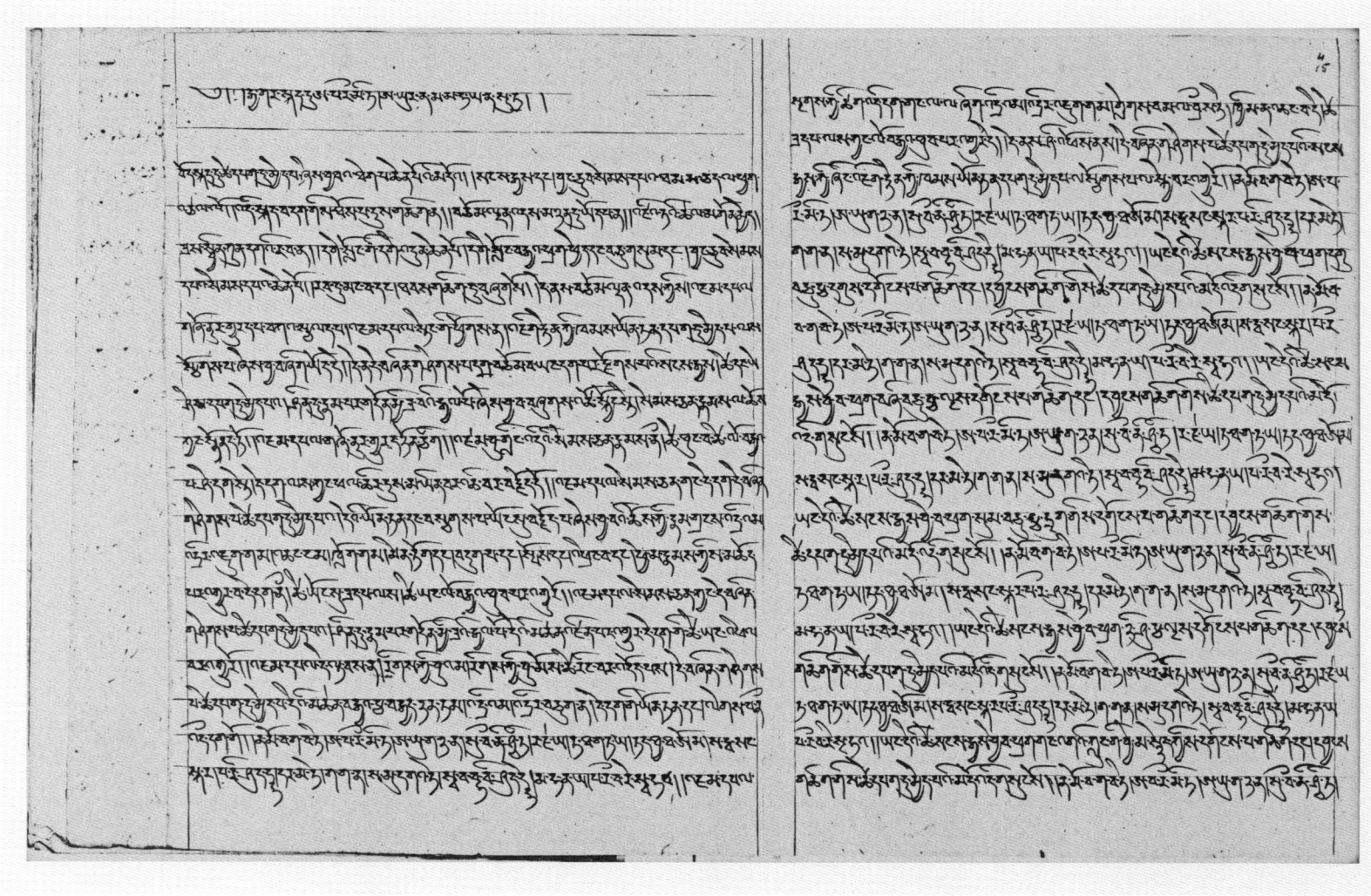

英 IOL.Tib.J.VOL.117　75.ཚེ་དཔག་དུ་མྱེད་པ་ཞེས་བྱ་བན་ཐེག་པ་ཆེན་པོའི་མདོ།

75.大乘無量壽宗要經　　(202–116)

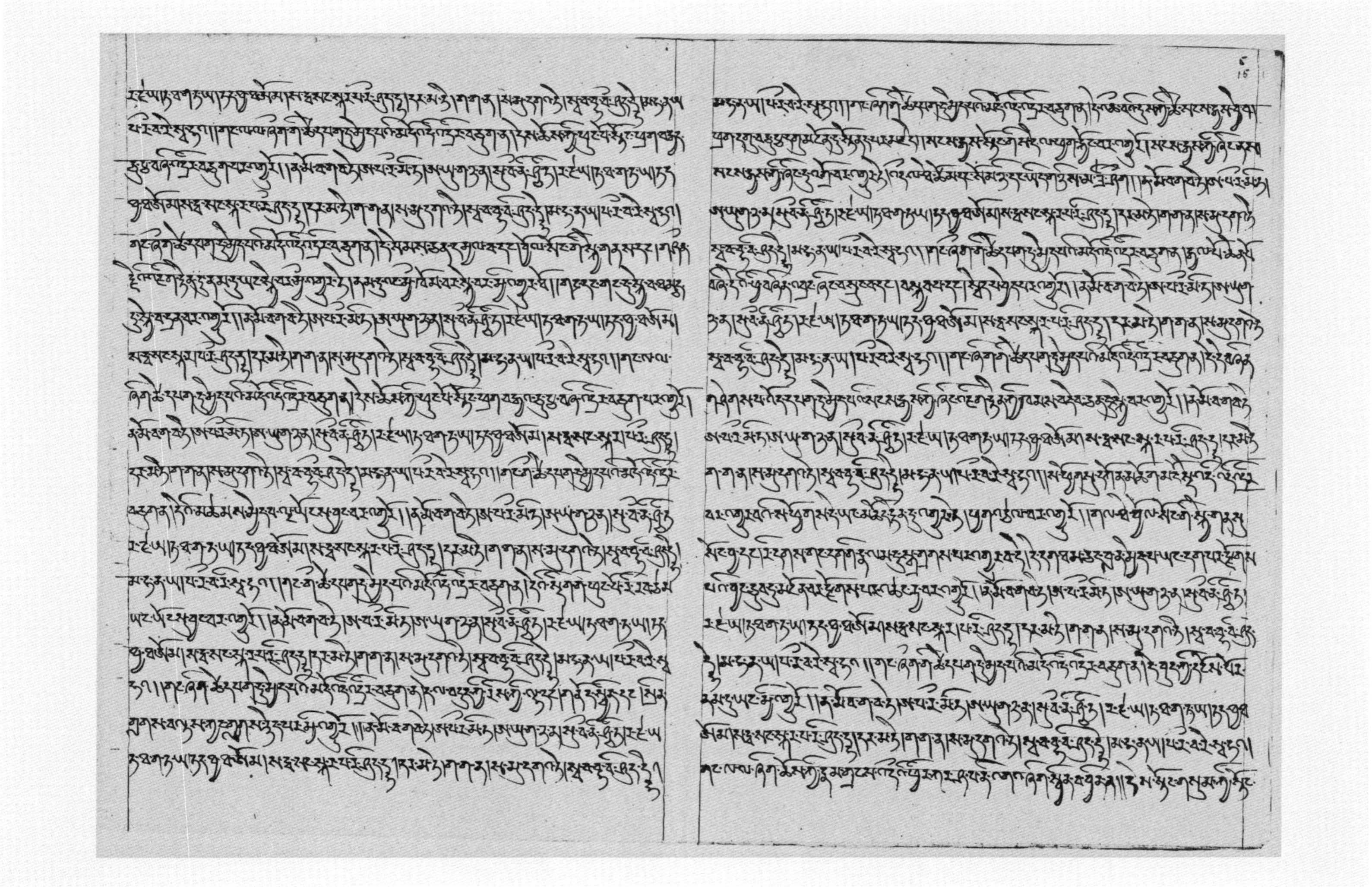

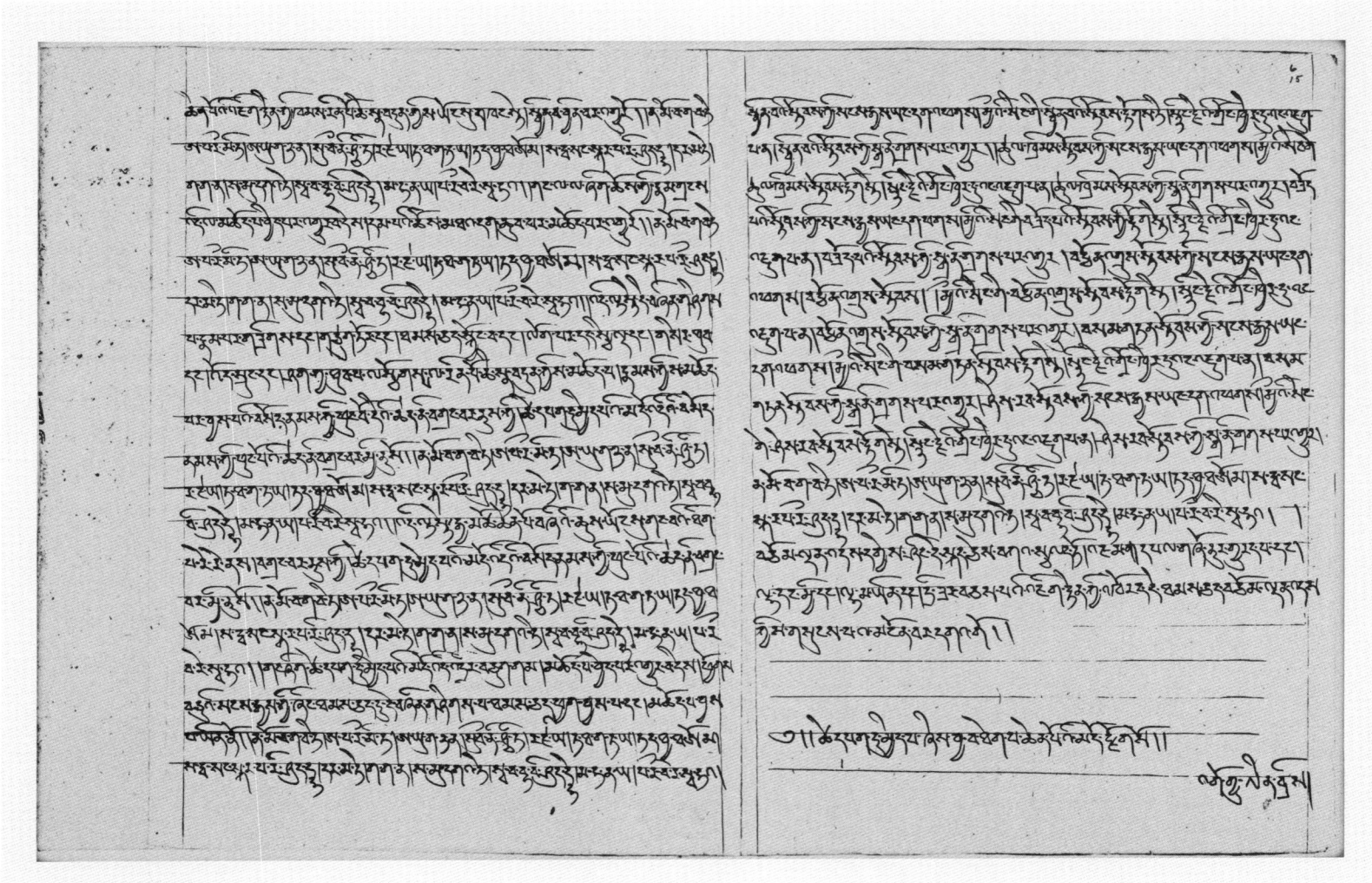

英 IOL.Tib.J.VOL.117　75.ཚེ་དཔག་དུ་མྱེད་པ་ཞེས་བྱ་བའ་ཐེག་པ་ཆེན་པོའི་མདོ།

75.大乘無量壽宗要經　　　(202-117)

英 IOL.Tib.J.VOL.117　75.ཚེ་དཔག་དུ་མྱེད་པ་ཞེས་བྱ་བའ་ཐེག་པ་ཆེན་པོའི་མདོ།　　76.བྲིས་བྱུང་།

75.大乘無量壽宗要經　　76.抄寫題記　　(202-118)

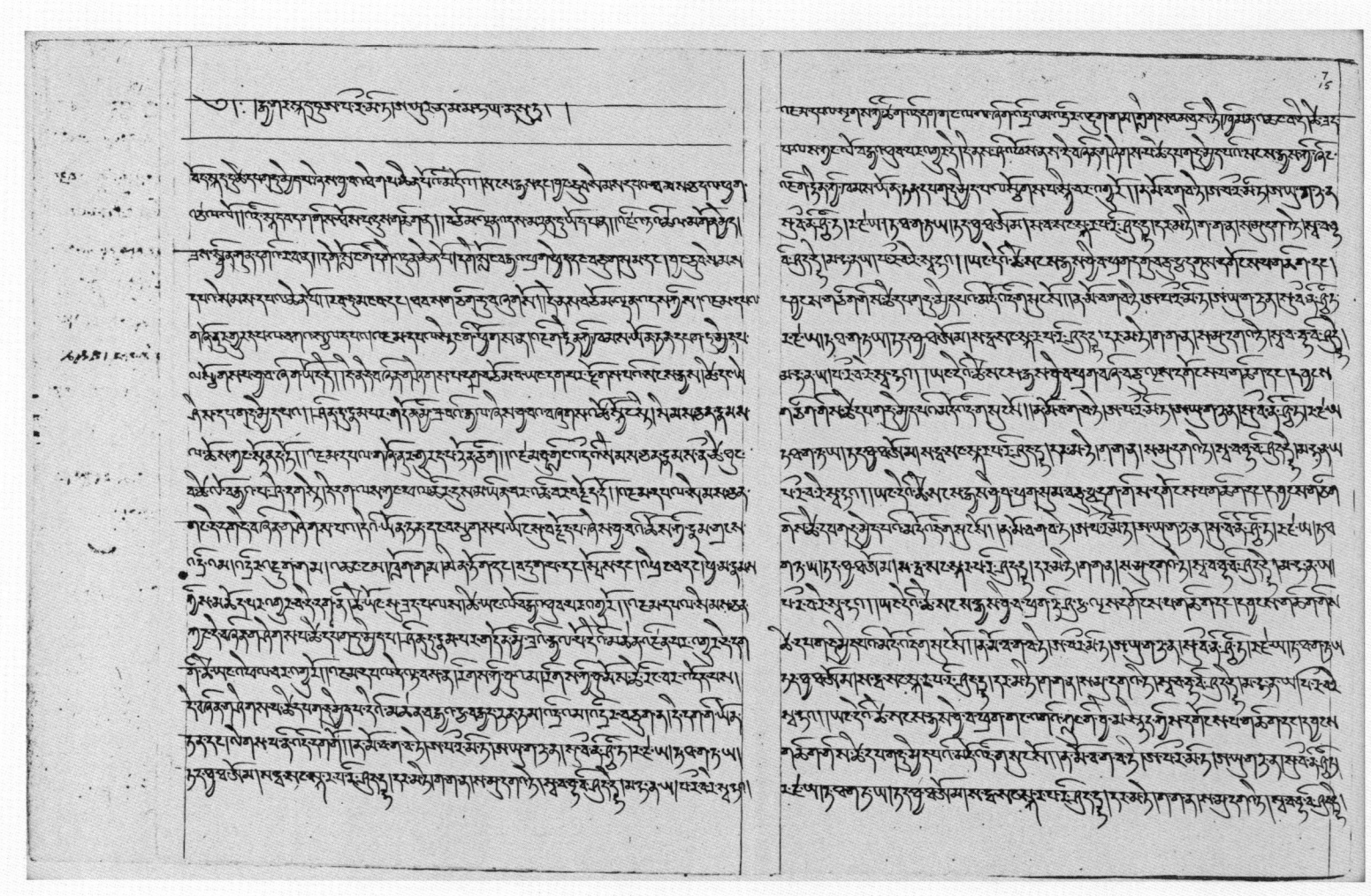

英 IOL.Tib.J.VOL.117　77.ཚེ་དཔག་དུ་མྱེད་པ་ཞེས་བྱ་བའ་ཐེག་པ་ཆེན་པོའི་མདོ།
77.大乘無量壽宗要經　　(202-119)

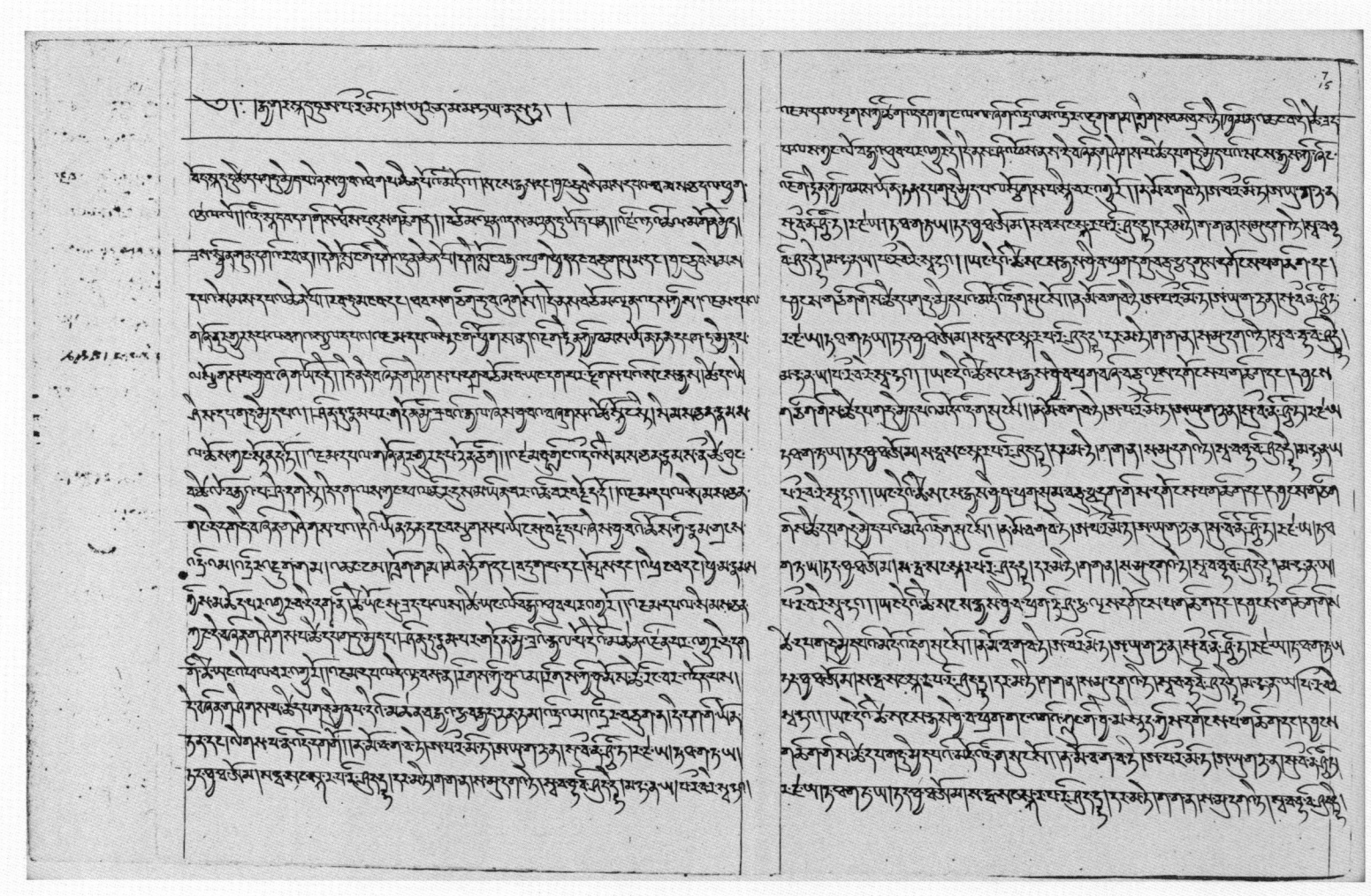

英 IOL.Tib.J.VOL.117　77.ཚེ་དཔག་དུ་མྱེད་པ་ཞེས་བྱ་བའ་ཐེག་པ་ཆེན་པོའི་མདོ།
77.大乘無量壽宗要經　　(202-120)

英 IOL.Tib.J.VOL.117　77.ཚེ་དཔག་དུ་མྱེད་པ་ཞེས་བྱ་བའ་ཐེག་པ་ཆེན་པོའི་མདོ།　78.བྲིས་བྱང་།
77.大乘無量壽宗要經　78.抄寫題記　(202–121)

英 IOL.Tib.J.VOL.117　79.ཚེ་དཔག་དུ་མྱེད་པ་ཞེས་བྱ་བའ་ཐེག་པ་ཆེན་པོའི་མདོ།
79.大乘無量壽宗要經　(202–122)

英 IOL.Tib.J.VOL.117　79.ཚེ་དཔག་དུ་མྱེད་པ་ཞེས་བྱ་བའ་ཐེག་པ་ཆེན་པོའི་མདོ།
79.大乘無量壽宗要經　　(202–123)

英 IOL.Tib.J.VOL.117　79.ཚེ་དཔག་དུ་མྱེད་པ་ཞེས་བྱ་བའ་ཐེག་པ་ཆེན་པོའི་མདོ།　80.བྲིས་བྱང་།
79.大乘無量壽宗要經　　80.抄寫題記　　(202–124)

英 IOL.Tib.J.VOL.117　　81.ཚེ་དཔག་དུ་མྱེད་པ་ཞེས་བྱས་བ་ཐེག་པ་ཆེན་པོ་མདོ།

81.大乘無量壽宗要經　　　(202-125)

英 IOL.Tib.J.VOL.117　　81.ཚེ་དཔག་དུ་མྱེད་པ་ཞེས་བྱས་བ་ཐེག་པ་ཆེན་པོ་མདོ།

81.大乘無量壽宗要經　　　(202-126)

英 IOL.Tib.J.VOL.117　81.ཚེ་དཔག་དུ་མྱེད་པ་ཞེས་བྱ་བ་ཐེག་པ་ཆེན་པོ་མདོ།　82.བྲིས་བྱུང་།

81.大乘無量壽宗要經　　82.抄寫題記　　(202–127)

英 IOL.Tib.J.VOL.117　83.ཚེ་དཔག་དུ་མྱེད་པ་ཞེས་བྱ་བ་ཐེག་པ་ཆེན་པོའི་མདོ།

83.大乘無量壽宗要經　　(202–128)

英 IOL.Tib.J.VOL.117　83.ཚེ་དཔག་དུ་མྱེད་པ་ཞེས་བྱ་བ་ཐེག་པ་ཆེན་པོའི་མདོ།

83.大乘無量壽宗要經　　(202–129)

英 IOL.Tib.J.VOL.117　83.ཚེ་དཔག་དུ་མྱེད་པ་ཞེས་བྱ་བ་ཐེག་པ་ཆེན་པོའི་མདོ།　84.བྲིས་བྱང་།

83.大乘無量壽宗要經　　84.抄寫題記　(202–130)

英 IOL.Tib.J.VOL.117　85.ཚེ་དཔག་དུ་མྱེད་པ་ཞེས་བྱ་བ་ཐེག་པ་ཆེན་པོའི་མདོ།

85.大乘無量壽宗要經　　(202–131)

英 IOL.Tib.J.VOL.117　85.ཚེ་དཔག་དུ་མྱེད་པ་ཞེས་བྱ་བ་ཐེག་པ་ཆེན་པོའི་མདོ།

85.大乘無量壽宗要經　　(202–132)

英 IOL.Tib.J.VOL.117　85.ཚེ་དཔག་དུ་མྱེད་པ་ཞེས་བྱ་བ་ཐེག་པ་ཆེན་པོའི་མདོ།　86.བྲིས་བྱུང་།

85.大乘無量壽宗要經　　　86.抄寫題記　　　(202-133)

英 IOL.Tib.J.VOL.117　87.ཚེ་དཔག་དུ་མྱེད་པ་ཞེས་བྱ་བ་ཐེག་པ་ཆེན་པོའི་མདོ།

87.大乘無量壽宗要經　　　(202-134)

英 IOL.Tib.J.VOL.117　　87.ཚེ་དཔག་དུ་མྱེད་པ་ཞེས་བྱ་བ་ཐེག་པ་ཆེན་པོའི་མདོ།

87.大乘無量壽宗要經　　　　(202–135)

英 IOL.Tib.J.VOL.117　　87.ཚེ་དཔག་དུ་མྱེད་པ་ཞེས་བྱ་བ་ཐེག་པ་ཆེན་པོའི་མདོ།　　　88.བྲིས་བྱང་།

87.大乘無量壽宗要經　　　88.抄寫題記　　(202–136)

英 IOL.Tib.J.VOL.117　89.ཚེ་དཔག་དུ་མྱེད་པ་ཞེས་བྱ་བ་ཐེག་པ་ཆེན་པོའི་མདོ།

89.大乘無量壽宗要經　　(202–137)

英 IOL.Tib.J.VOL.117　89.ཚེ་དཔག་དུ་མྱེད་པ་ཞེས་བྱ་བ་ཐེག་པ་ཆེན་པོའི་མདོ།

89.大乘無量壽宗要經　　(202–138)

英 IOL.Tib.J.VOL.117　89.ཚེ་དཔག་དུ་མྱེད་པ་ཞེས་བྱ་བ་ཐེག་པ་ཆེན་པོའི་མདོ།
89.大乘無量壽宗要經　　(202-139)

英 IOL.Tib.J.VOL.117　90.ཚེ་དཔག་དུ་མྱེད་པ་ཞེས་བྱ་བ་ཐེག་པ་ཆེན་པོའི་མདོ།
90.大乘無量壽宗要經　　(202-140)

英 IOL.Tib.J.VOL.117　90.ཚེ་དཔག་ཏུ་མྱེད་པ་ཞེས་བྱ་བ་ཐེག་པ་ཆེན་པོའི་མདོ།
90.大乘無量壽宗要經　　　(202-141)

英 IOL.Tib.J.VOL.117　90.ཚེ་དཔག་ཏུ་མྱེད་པ་ཞེས་བྱ་བ་ཐེག་པ་ཆེན་པོའི་མདོ།　　91.བྲིས་བྱང་།
90.大乘無量壽宗要經　　91.抄寫題記　(202-142)

英 IOL.Tib.J.VOL.117　92.ཚེ་དཔག་ཏུ་མྱེད་པ་ཞེས་བྱ་བ་ཐེག་པ་ཆེན་པོའི་མདོ།

92.大乘無量壽宗要經　　　　(202-143)

英 IOL.Tib.J.VOL.117　92.ཚེ་དཔག་ཏུ་མྱེད་པ་ཞེས་བྱ་བ་ཐེག་པ་ཆེན་པོའི་མདོ།

92.大乘無量壽宗要經　　　　(202-144)

72

英 IOL.Tib.J.VOL.117　92.ཚེ་དཔག་དུ་མྱེད་པ་ཞེས་བྱ་བ་ཐེག་པ་ཆེན་པོའི་མདོ　　93.བྲིས་བྱང་།

92.大乘無量壽宗要經　　93.抄寫題記　　(202–145)

英 IOL.Tib.J.VOL.117　94.ཚེ་དཔག་དུ་མྱེད་པ་ཞེས་བྱ་བ་ཐེག་པ་ཆེན་པོའི་མདོ

94.大乘無量壽宗要經　　(202–146)

英 IOL.Tib.J.VOL.117　94.ཚེ་དཔག་དུ་མྱེད་པ་ཞེས་བྱ་བ་ཐེག་པ་ཆེན་པོའི་མདོ།
94.大乘無量壽宗要經　　　(202-147)

英 IOL.Tib.J.VOL.117　94.ཚེ་དཔག་དུ་མྱེད་པ་ཞེས་བྱ་བ་ཐེག་པ་ཆེན་པོའི་མདོ།　95.བྲིས་བྱང་།
94.大乘無量壽宗要經　　　95.抄寫題記　　　(202-148)

74

英 IOL.Tib.J.VOL.117　96.ཚེ་དཔག་དུ་མྱེད་པ་ཞེས་བྱ་བ་ཐེག་པ་ཆེན་པོའི་མདོ།　97.བྲིས་བྱང་།

96.大乘無量壽宗要經　　97.抄寫題記　　(202–151)

英 IOL.Tib.J.VOL.117　98.ཚེ་དཔག་དུ་མྱེད་པ་ཞེས་བྱ་བ་ཐེག་པ་ཆེན་པོའི་མདོ།

98.大乘無量壽宗要經　　(202–152)

76

英 IOL.Tib.J.VOL.117　98.ཚེ་དཔག་དུ་མྱེད་པ་ཞེས་བྱ་བ་ཐེག་པ་ཆེན་པོའི་མདོ།
98.大乘無量壽宗要經　　(202-153)

英 IOL.Tib.J.VOL.117　98.ཚེ་དཔག་དུ་མྱེད་པ་ཞེས་བྱ་བ་ཐེག་པ་ཆེན་པོའི་མདོ།　99.བྲིས་བྱང་།
98.大乘無量壽宗要經　　99.抄寫題記　　(202-154)

英 IOL.Tib.J.VOL.117　　100.ཚེ་དཔག་ཏུ་མྱེད་པ་ཞེས་བྱ་བ་ཐེག་པ་ཆེན་པོའི་མདོ།

100.大乘無量壽宗要經　　　(202–155)

英 IOL.Tib.J.VOL.117　　100.ཚེ་དཔག་ཏུ་མྱེད་པ་ཞེས་བྱ་བ་ཐེག་པ་ཆེན་པོའི་མདོ།

100.大乘無量壽宗要經　　　(202–156)

英 IOL.Tib.J.VOL.117　100.ཚེ་དཔག་དུ་མྱེད་པ་ཞེས་བྱ་བ་ཐེག་པ་ཆེན་པོའི་མདོ།　101.བྲིས་བྱང་།

100.大乘無量壽宗要經　　101.抄寫題記　　(202-157)

英 IOL.Tib.J.VOL.117　102.ཚེ་དཔག་དུ་མྱེད་པ་ཞེས་བྱ་བ་ཐེག་པ་ཆེན་པོའི་མདོ།

102.大乘無量壽宗要經　　(202-158)

英 IOL.Tib.J.VOL.117　　102.ཚེ་དཔག་དུ་མྱེད་པ་ཞེས་བྱ་བ་ཐེག་པ་ཆེན་པོའི་མདོ།
102.大乘無量壽宗要經　　　(202-159)

英 IOL.Tib.J.VOL.117　　102.ཚེ་དཔག་དུ་མྱེད་པ་ཞེས་བྱ་བ་ཐེག་པ་ཆེན་པོའི་མདོ།　　　103.བྲིས་བྱང་།
102.大乘無量壽宗要經　　　103.抄寫題記　　(202-160)

英 IOL.Tib.J.VOL.117　104.ཚེ་དཔག་དུ་མྱེད་པ་ཞེས་བྱ་བ་ཐེག་པ་ཆེན་པོའི་མདོ།
104.大乘無量壽宗要經　　（202–161）

英 IOL.Tib.J.VOL.117　104.ཚེ་དཔག་དུ་མྱེད་པ་ཞེས་བྱ་བ་ཐེག་པ་ཆེན་པོའི་མདོ།
104.大乘無量壽宗要經　　（202–162）

英 IOL.Tib.J.VOL.117　104.ཚེ་དཔག་ཏུ་མྱེད་པ་ཞེས་བྱ་བ་ཐེག་པ་ཆེན་པོའི་མདོ།　　105.བྲིས་བྱང་།

104.大乘無量壽宗要經　　105.抄寫題記　　(202-163)

英 IOL.Tib.J.VOL.117　106.ཚེ་དཔག་ཏུ་མྱེད་པ་ཞེས་བྱ་བ་ཐེག་པ་ཆེན་པོའི་མདོ།

106.大乘無量壽宗要經　　(202-164)

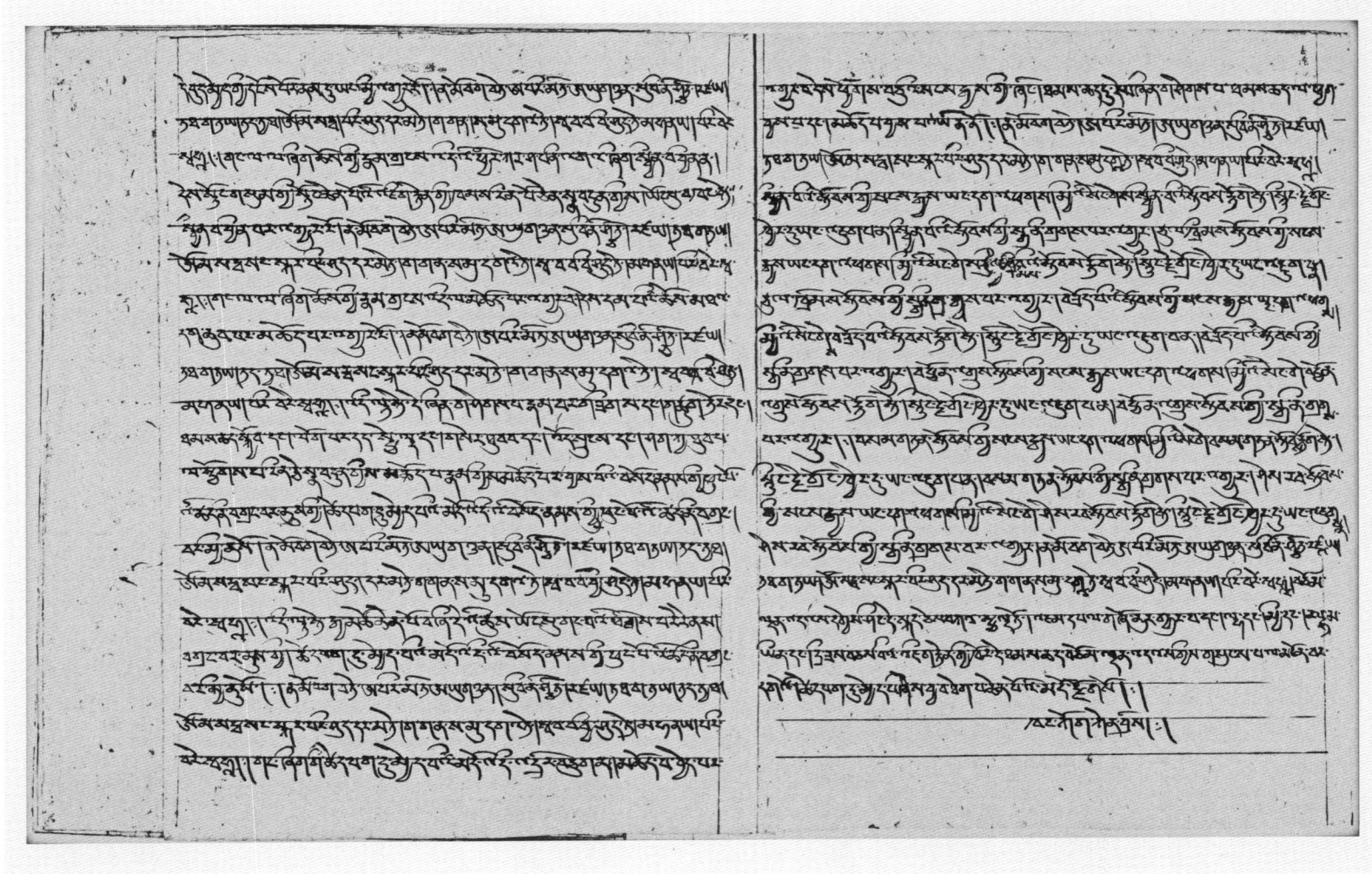

英 IOL.Tib.J.VOL.117　　106.ཚེ་དཔག་དུ་མྱེད་པ་ཞེས་བྱ་བ་ཐེག་པ་ཆེན་པོ་འི་མདོ།

106.大乘無量壽宗要經　　(202–165)

英 IOL.Tib.J.VOL.117　　106.ཚེ་དཔག་དུ་མྱེད་པ་ཞེས་བྱ་བ་ཐེག་པ་ཆེན་པོ་འི་མདོ།　　107.བྲིས་བྱང་།

106.大乘無量壽宗要經　　107.抄寫題記　　(202–166)

英 IOL.Tib.J.VOL.117　　108.ཚེ་དཔག་དུ་མྱེད་པ་ཞེས་བྱ་བ་ཐེག་པ་ཆེན་པོ་འི་མདོ།

108.大乘無量壽宗要經　　　　(202-167)

英 IOL.Tib.J.VOL.117　　108.ཚེ་དཔག་དུ་མྱེད་པ་ཞེས་བྱ་བ་ཐེག་པ་ཆེན་པོ་འི་མདོ།

108.大乘無量壽宗要經　　　　(202-168)

84

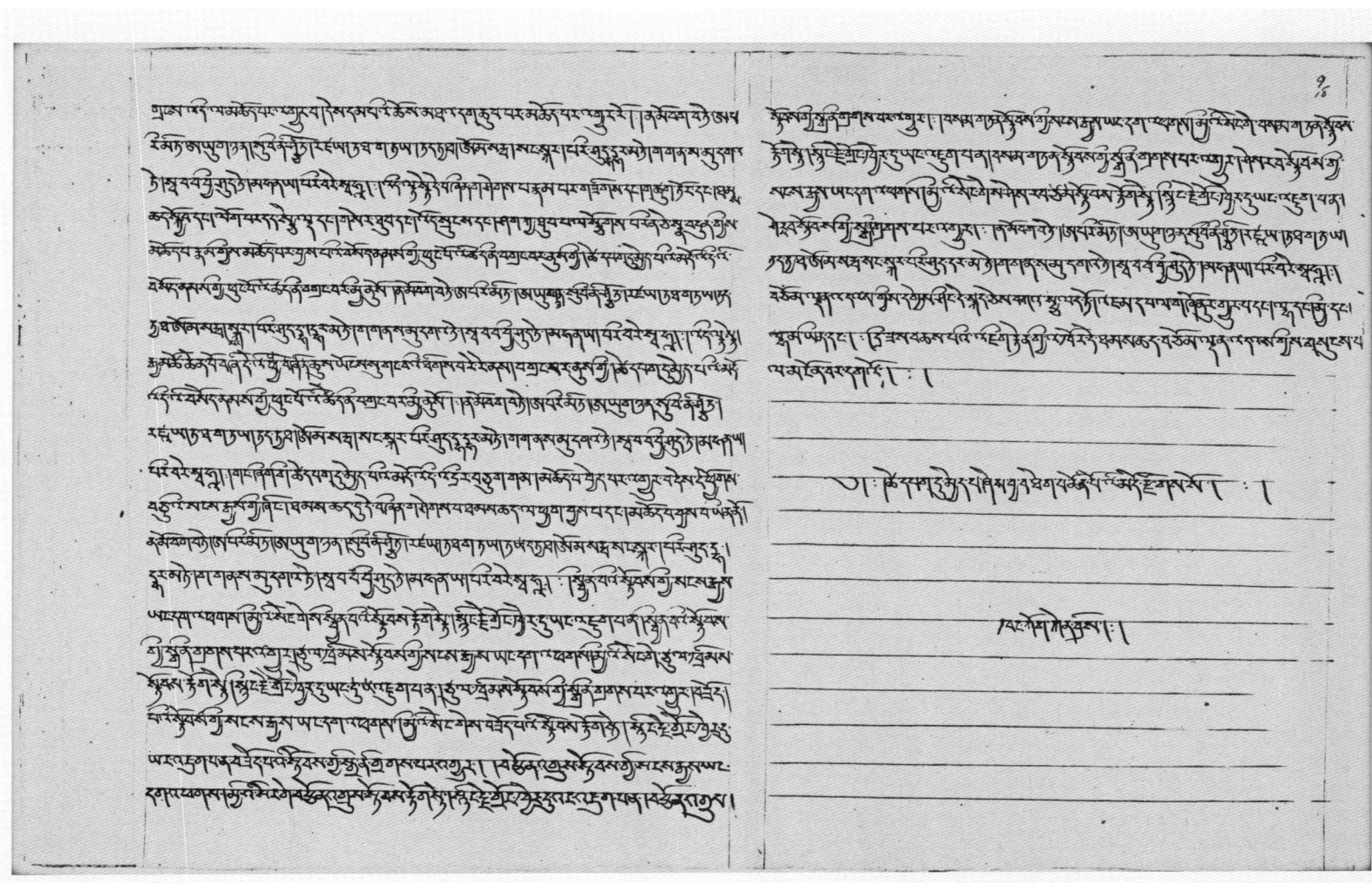

英 IOL.Tib.J.VOL.117　　108.ཚོ་དཔག་དུ་མྱེད་པ་ཞེས་བྱ་བ་ཐེག་པ་ཆེན་པོ་འི་མདོ།　　　109.བྲིས་བྱུང་།

108.大乘無量壽宗要經　　　109.抄寫題記　　　(202-169)

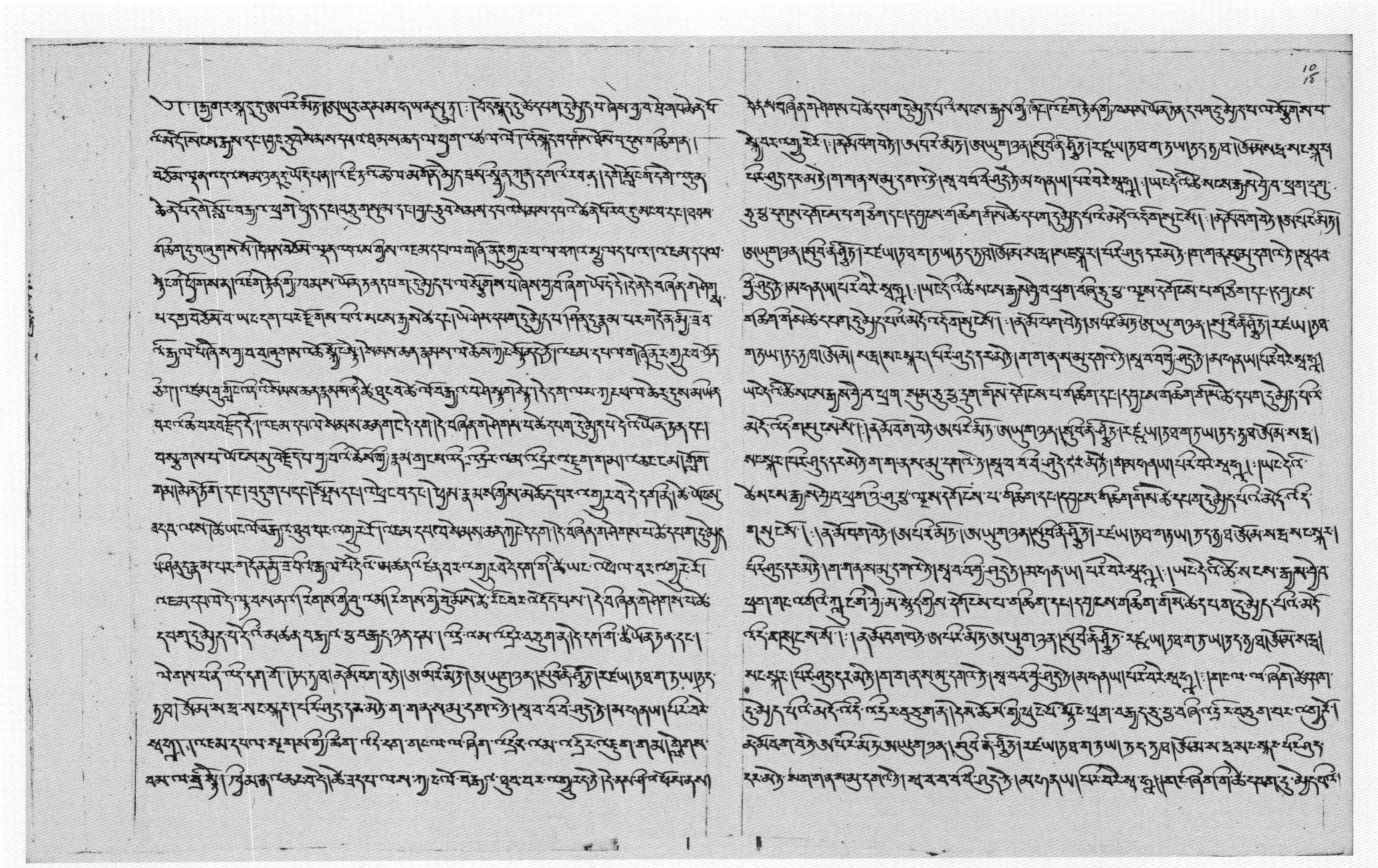

英 IOL.Tib.J.VOL.117　　110.ཚོ་དཔག་དུ་མྱེད་པ་ཞེས་བྱ་བ་ཐེག་པ་ཆེན་པོ་འི་མདོ།

110.大乘無量壽宗要經　　　(202-170)

英 IOL.Tib.J.VOL.117　　110.ཚེ་དཔག་དུ་མྱེད་པ་ཞེས་བྱ་བ་ཐེག་པ་ཆེན་པོ་འི་མདོ།
110.大乘無量壽宗要經　　　(202-171)

英 IOL.Tib.J.VOL.117　　110.ཚེ་དཔག་དུ་མྱེད་པ་ཞེས་བྱ་བ་ཐེག་པ་ཆེན་པོ་འི་མདོ།　　　111.བྲིས་བྱད།
110.大乘無量壽宗要經　　　111.抄寫題記　　(202-172)

英 IOL.Tib.J.VOL.117　112.ཚེ་དཔག་ཏུ་མྱེད་པ་ཞེས་བྱ་བ་ཐེག་པ་ཆེན་པོ་འི་མདོ།
112.大乘無量壽宗要經　　　（202-173）

英 IOL.Tib.J.VOL.117　112.ཚེ་དཔག་ཏུ་མྱེད་པ་ཞེས་བྱ་བ་ཐེག་པ་ཆེན་པོ་འི་མདོ།
112.大乘無量壽宗要經　　　（202-174）

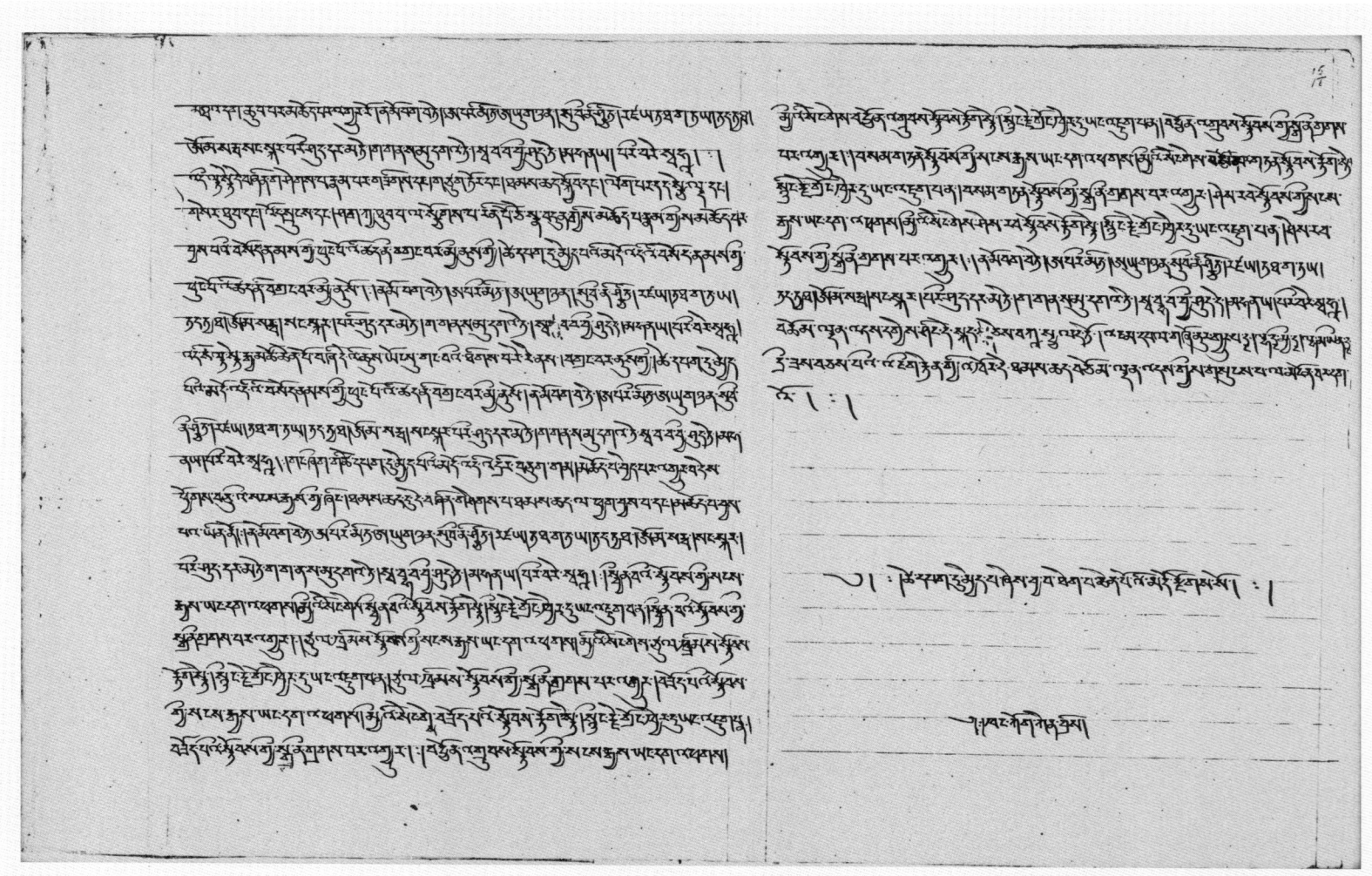

英 IOL.Tib.J.VOL.117　112.ཚེ་དཔག་དུ་མྱེད་པ་ཞེས་བྱ་བ་ཐེག་པ་ཆེན་པོ་འི་མདོ།　　113.བྲིས་བྱང་།

112.大乘無量壽宗要經　　113.抄寫題記　　(202-175)

英 IOL.Tib.J.VOL.117　114.ཚེ་དཔག་དུ་མྱེད་པ་ཞེས་བྱ་བ་ཐེག་པ་ཆེན་པོ་འི་མདོ།

114.大乘無量壽宗要經　　(202-176)

英 IOL.Tib.J.VOL.117　　114.ཚེ་དཔག་དུ་མྱེད་པ་ཞེས་བྱ་བ་ཐེག་པ་ཆེན་པོ་འི་མདོ།

114.大乘無量壽宗要經　　　(202-177)

英 IOL.Tib.J.VOL.117　　114.ཚེ་དཔག་དུ་མྱེད་པ་ཞེས་བྱ་བ་ཐེག་པ་ཆེན་པོ་འི་མདོ།　　115.བྲིས་བྱང་།

114.大乘無量壽宗要經　　115.抄寫題記　　(202-178)

英 IOL.Tib.J.VOL.117　116.ཚེ་དཔག་དུ་མྱེད་པ་ཞེས་བྱ་བ་ཐེག་པ་ཆེན་པོའི་མདོ།
116.大乘無量壽宗要經　　　(202–179)

英 IOL.Tib.J.VOL.117　116.ཚེ་དཔག་དུ་མྱེད་པ་ཞེས་བྱ་བ་ཐེག་པ་ཆེན་པོའི་མདོ།
116.大乘無量壽宗要經　　　(202–180)

英 IOL.Tib.J.VOL.117　116.ཚེ་དཔག་ཏུ་མྱེད་པ་ཞེས་བྱ་བ་ཐེག་པ་ཆེན་པོའི་མདོ།　　117.བྲིས་བྱང་།

116.大乘無量壽宗要經　　117.抄寫題記　　(202–181)

英 IOL.Tib.J.VOL.117　118.ཚེ་དཔག་ཏུ་མྱེད་པ་ཞེས་བྱ་བ་ཐེག་པ་ཆེན་པོའི་མདོ།

118.大乘無量壽宗要經　　(202–182)

英 IOL.Tib.J.VOL.117　　118.ཚེ་དཔག་དུ་མྱེད་པ་ཞེས་བྱ་བ་ཐེག་པ་ཆེན་པོའི་མདོ།
118.大乘無量壽宗要經　　　　(202–183)

英 IOL.Tib.J.VOL.117　　118.ཚེ་དཔག་དུ་མྱེད་པ་ཞེས་བྱ་བ་ཐེག་པ་ཆེན་པོའི་མདོ།　　119.བྲིས་བྱང་།
118.大乘無量壽宗要經　　　119.抄寫題記　　(202–184)

英 IOL.Tib.J.VOL.117　　120.ཚེ་དཔག་དུ་མྱེད་པ་ཞེས་བྱ་བ་ཐེག་པ་ཆེན་པོའི་མདོ།
120.大乘無量壽宗要經　　　(202-185)

英 IOL.Tib.J.VOL.117　　120.ཚེ་དཔག་དུ་མྱེད་པ་ཞེས་བྱ་བ་ཐེག་པ་ཆེན་པོའི་མདོ།
120.大乘無量壽宗要經　　　(202-186)

英 IOL.Tib.J.VOL.117　120.ཚེ་དཔག་དུ་མྱེད་པ་ཞེས་བྱ་བ་ཐེག་པ་ཆེན་པོའི་མདོ།　　121.བྲིས་བྱུང་།

120.大乘無量壽宗要經　　121.抄寫題記　　(202-187)

英 IOL.Tib.J.VOL.117　122.ཚེ་དཔག་དུ་མྱེད་པ་ཞེས་བྱ་བ་ཐེག་པ་ཆེན་པོའི་མདོ།

122.大乘無量壽宗要經　　(202-188)

英 IOL.Tib.J.VOL.117　122.ཚེ་དཔག་དུ་མྱེད་པ་ཞེས་བྱ་བ་ཐེག་པ་ཆེན་པོའི་མདོ།

122.大乘無量壽宗要經　　　(202-189)

英 IOL.Tib.J.VOL.117　122.ཚེ་དཔག་དུ་མྱེད་པ་ཞེས་བྱ་བ་ཐེག་པ་ཆེན་པོའི་མདོ།　　123.བྲིས་བྱང་།

122.大乘無量壽宗要經　　123.抄寫題記　　(202-190)

英 IOL.Tib.J.VOL.117　124.ཚེ་དཔག་དུ་མྱེད་པ་ཞེས་བྱ་བ་ཐེག་པ་ཆེན་པོའི་མདོ།
124.大乘無量壽宗要經　　(202–191)

英 IOL.Tib.J.VOL.117　124.ཚེ་དཔག་དུ་མྱེད་པ་ཞེས་བྱ་བ་ཐེག་པ་ཆེན་པོའི་མདོ།
124.大乘無量壽宗要經　　(202–192)

英 IOL.Tib.J.VOL.117　124.ཚེ་དཔག་དུ་མྱེད་པ་ཞེས་བྱ་བ་ཐེག་པ་ཆེན་པོའི་མདོ།　　125.བྲིས་བྱང་།

124.大乘無量壽宗要經　　125.抄寫題記　　(202–193)

英 IOL.Tib.J.VOL.117　126.ཚེ་དཔག་དུ་མྱེད་པ་ཞེས་བྱ་བ་ཐེག་པ་ཆེན་པོའི་མདོ།

126.大乘無量壽宗要經　　(202–194)

英 IOL.Tib.J.VOL.117　126.ཚེ་དཔག་དུ་མྱེད་པ་ཞེས་བྱ་བ་ཐེག་པ་ཆེན་པོའི་མདོ།

126.大乘無量壽宗要經　　　(202–195)

英 IOL.Tib.J.VOL.117　126.ཚེ་དཔག་དུ་མྱེད་པ་ཞེས་བྱ་བ་ཐེག་པ་ཆེན་པོའི་མདོ།　　127.བྲིས་བྱང་།

126.大乘無量壽宗要經　　127.抄寫題記　　(202–196)

英 IOL.Tib.J.VOL.117　　128.ཚེ་དཔག་དུ་མྱེད་པ་ཞེས་བྱ་བ་ཐེག་པ་ཆེན་པོའི་མདོ།
128.大乘無量壽宗要經　　　(202-197)

英 IOL.Tib.J.VOL.117　　128.ཚེ་དཔག་དུ་མྱེད་པ་ཞེས་བྱ་བ་ཐེག་པ་ཆེན་པོའི་མདོ།
128.大乘無量壽宗要經　　　(202-198)

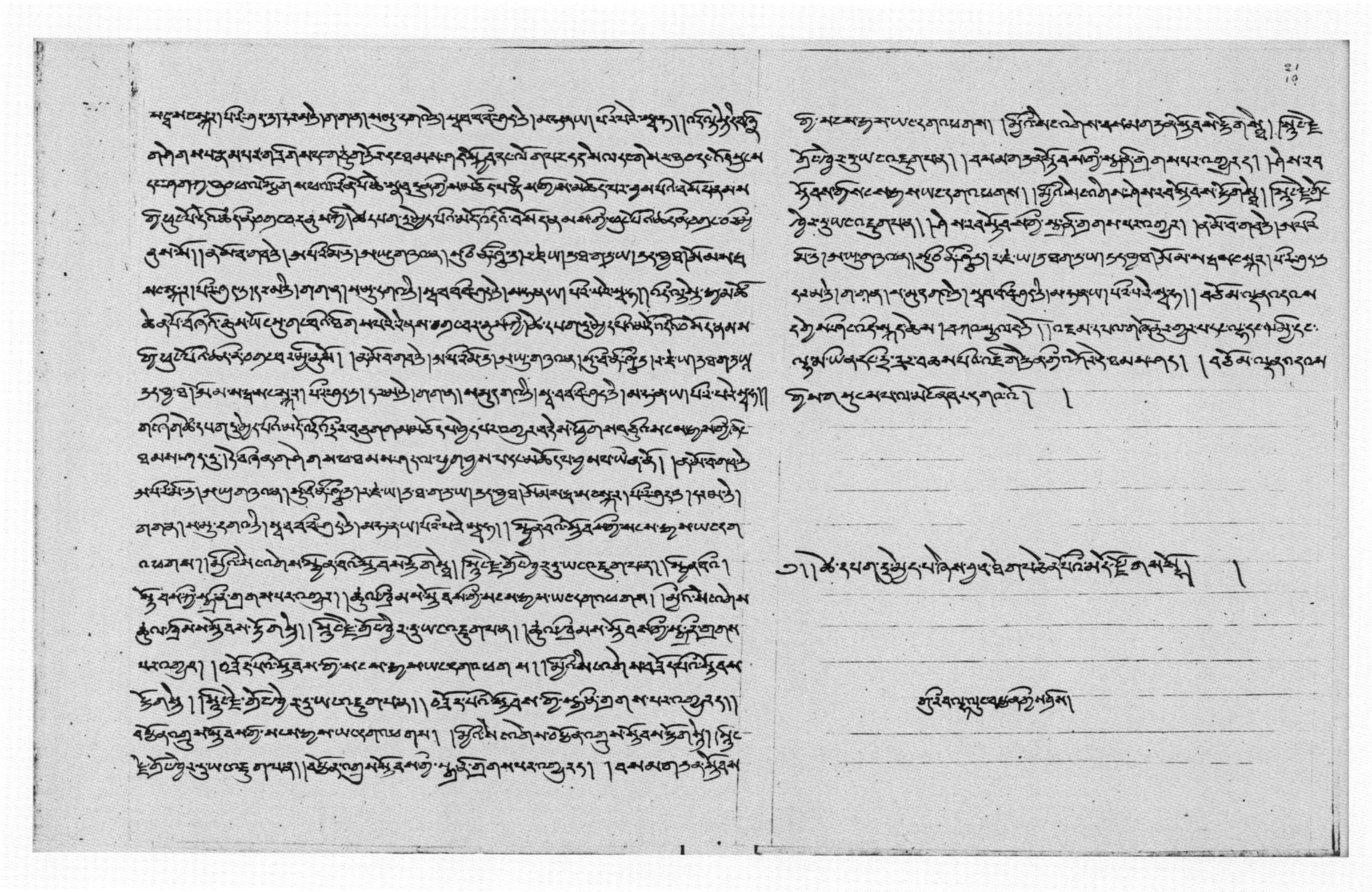

英 IOL.Tib.J.VOL.117 128.ཚེ་དཔག་ཏུ་མེད་པ་ཞེས་བྱ་བ་ཐེག་པ་ཆེན་པོའི་མདོ། 129.བྲིས་བྱང་།
128.大乘無量壽宗要經 129.抄寫題記 (202–199)

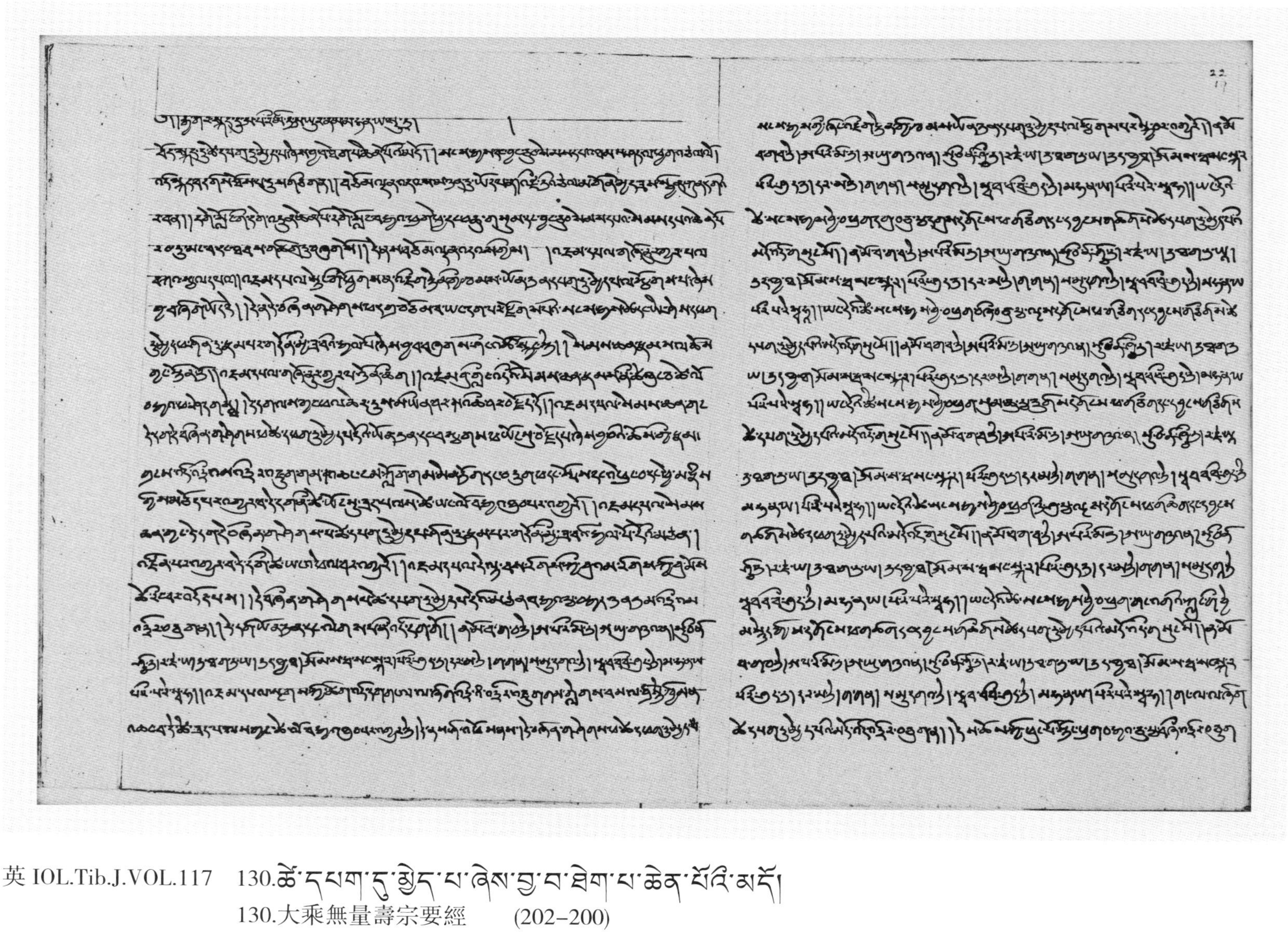

英 IOL.Tib.J.VOL.117 130.ཚེ་དཔག་ཏུ་མེད་པ་ཞེས་བྱ་བ་ཐེག་པ་ཆེན་པོའི་མདོ།
130.大乘無量壽宗要經 (202–200)

英 IOL.Tib.J.VOL.117 130.ཚེ་དཔག་དུ་མྱེད་པ་ཞེས་བྱ་བ་ཐེག་པ་ཆེན་པོའི་མདོ།

130.大乘無量壽宗要經 （202–201）

英 IOL.Tib.J.VOL.117 130.ཚེ་དཔག་དུ་མྱེད་པ་ཞེས་བྱ་བ་ཐེག་པ་ཆེན་པོའི་མདོ། 131.བྲིས་བྱང་།

130.大乘無量壽宗要經 131.抄寫題記 （202–202）

英 IOL.Tib.J.VOL.118　1.ཚེ་དཔག་ཏུ་མྱེད་པ་ཞེས་བྱ་བ་ཐེག་པ་ཆེན་པོའི་མདོ།
1.大乘無量壽宗要經　(133-1)

英 IOL.Tib.J.VOL.118　1.ཚེ་དཔག་ཏུ་མྱེད་པ་ཞེས་བྱ་བ་ཐེག་པ་ཆེན་པོའི་མདོ།
1.大乘無量壽宗要經　(133-2)

英 IOL.Tib.J.VOL.118   1.ཚེ་དཔག་ཏུ་མྱེད་པ་ཞེས་བྱ་བ་ཐེག་པ་ཆེན་པོའི་མདོ།
1.大乘無量壽宗要經　　　　(133-3)

英 IOL.Tib.J.VOL.118   1.ཚེ་དཔག་ཏུ་མྱེད་པ་ཞེས་བྱ་བ་ཐེག་པ་ཆེན་པོའི་མདོ།　　2.བྲིས་ཞུས་བྱང་།
1.大乘無量壽宗要經　　2.抄寫校對題記　　(133-4)

英 IOL.Tib.J.VOL.118　3.ཚེ་དཔག་དུ་མྱེད་པ་ཞེས་བྱ་བ་ཐེག་པ་ཆེན་པོའི་མདོ
3.大乘無量壽宗要經　　(133-5)

英 IOL.Tib.J.VOL.118　3.ཚེ་དཔག་དུ་མྱེད་པ་ཞེས་བྱ་བ་ཐེག་པ་ཆེན་པོའི་མདོ
3.大乘無量壽宗要經　　(133-6)

英 IOL.Tib.J.VOL.118　3.ཚེ་དཔག་ཏུ་མྱེད་པ་ཞེས་བྱ་བ་ཐེག་པ་ཆེན་པོའི་མདོ།　　4.བྲིས་ཞུས་བྱང་།

3.大乘無量壽宗要經　　4.抄寫校對題記　　(133-7)

英 IOL.Tib.J.VOL.118　5.ཚེ་དཔག་ཏུ་མྱེད་པ་ཞེས་བྱ་བ་ཐེག་པ་ཆེན་པོའི་མདོ།

5.大乘無量壽宗要經　　(133-8)

英 IOL.Tib.J.VOL.118　5.ཚེ་དཔག་དུ་མྱེད་པ་ཞེས་བྱ་བ་ཐེག་པ་ཆེན་པོའི་མདོ།

5.大乘無量壽宗要經　　(133-9)

英 IOL.Tib.J.VOL.118　5.ཚེ་དཔག་དུ་མྱེད་པ་ཞེས་བྱ་བ་ཐེག་པ་ཆེན་པོའི་མདོ།

5.大乘無量壽宗要經　　(133-10)

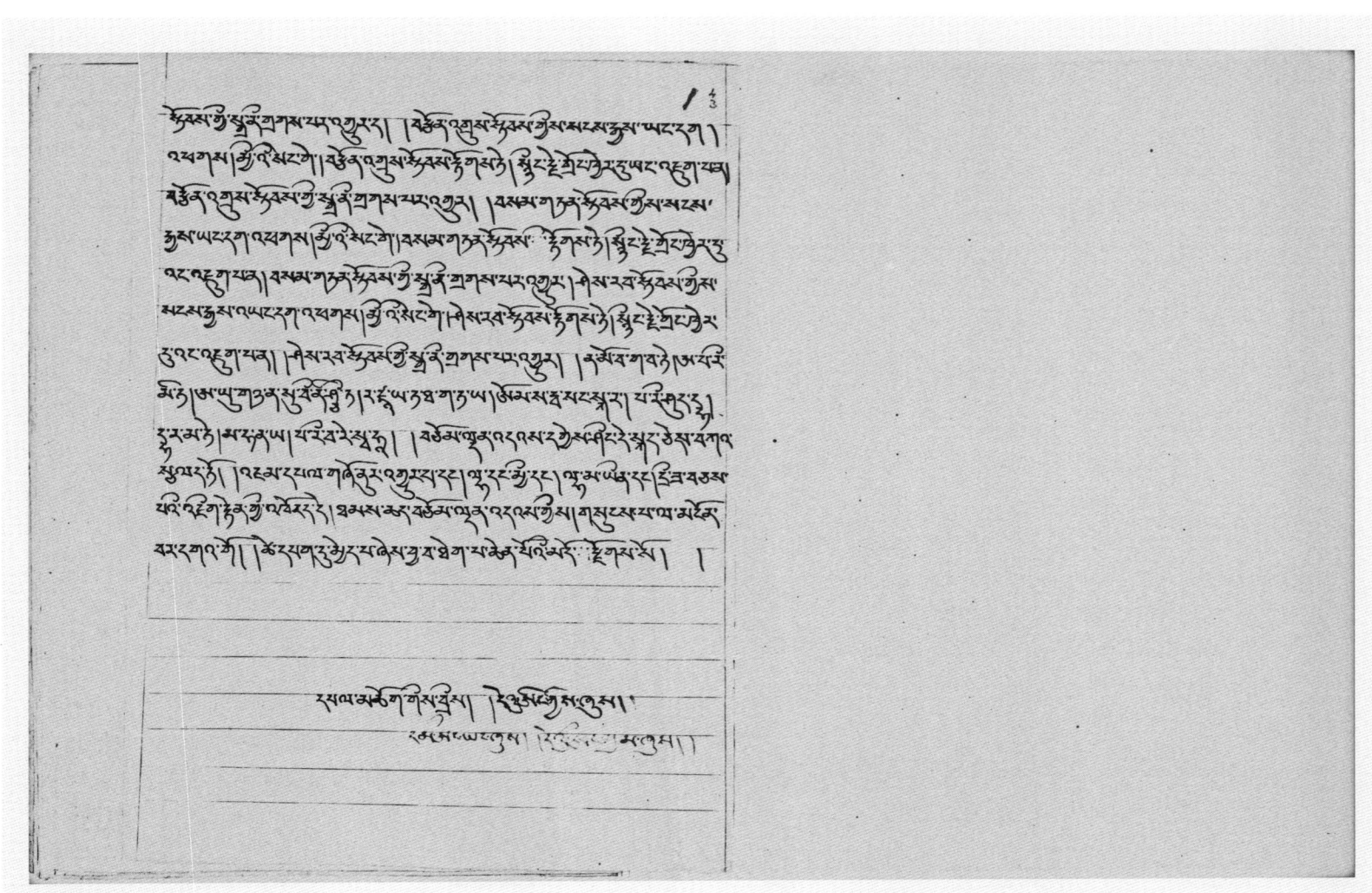

英 IOL.Tib.J.VOL.118　5.ཚེ་དཔག་ཏུ་མྱེད་པ་ཞེས་བྱ་བ་ཐེག་པ་ཆེན་པོའི་མདོ།　6.བྲིས་ཞུས་བྱང་།

5.大乘無量壽宗要經　　6.抄寫校對題記　　(133–11)

英 IOL.Tib.J.VOL.118　7.ཚེ་དཔག་ཏུ་མྱེད་པ་ཞེས་བྱ་བ་ཐེག་པ་ཆེན་པོའི་མདོ།

7.大乘無量壽宗要經　　(133–12)

英 IOL.Tib.J.VOL.118　7.ཚེ་དཔག་དུ་མྱེད་པ་ཞེས་བྱ་བ་ཐེག་པ་ཆེན་པོའི་མདོ།

7.大乘無量壽宗要經　　　(133–13)

英 IOL.Tib.J.VOL.118　7.ཚེ་དཔག་དུ་མྱེད་པ་ཞེས་བྱ་བ་ཐེག་པ་ཆེན་པོའི་མདོ།　　8.བྲིས་ཞུས་བྱང་།

7.大乘無量壽宗要經　　8.抄寫校對題記　　(133–14)

英 IOL.Tib.J.VOL.118　9.ཚེ་དཔག་དུ་མྱེད་པ་ཞེས་བྱེ་བ་ཐེག་པ་ཆེན་པོའི་མདོ།
9.大乘無量壽宗要經　　(133–15)

英 IOL.Tib.J.VOL.118　9.ཚེ་དཔག་དུ་མྱེད་པ་ཞེས་བྱེ་བ་ཐེག་པ་ཆེན་པོའི་མདོ།
9.大乘無量壽宗要經　　(133–16)

英 IOL.Tib.J.VOL.118　9.ཚེ་དཔག་དུ་མྱེད་པ་ཞེས་བྱ་བ་ཐེག་པ་ཆེན་པོའི་མདོ།　　10.བྲིས་བྱང་།

9.大乘無量壽宗要經　　10.抄寫題記　　（133–17）

英 IOL.Tib.J.VOL.118　11.ཚེ་དཔག་དུ་མྱེད་པ་ཞེས་བྱ་བ་ཐེག་པ་ཆེན་པོའི་མདོ།

11.大乘無量壽宗要經　　（133–18）

英 IOL.Tib.J.VOL.118　11.ཚེ་དཔག་དུ་མྱེད་པ་ཞེས་བྱ་བ་ཐེག་པ་ཆེན་པོའི་མདོ།

11.大乘無量壽宗要經　　　（133-19）

英 IOL.Tib.J.VOL.118　11.ཚེ་དཔག་དུ་མྱེད་པ་ཞེས་བྱ་བ་ཐེག་པ་ཆེན་པོའི་མདོ།　12.བྲིས་ཞུས་བྱུང་།

11.大乘無量壽宗要經　　　12.抄寫校對題記　　　（133-20）

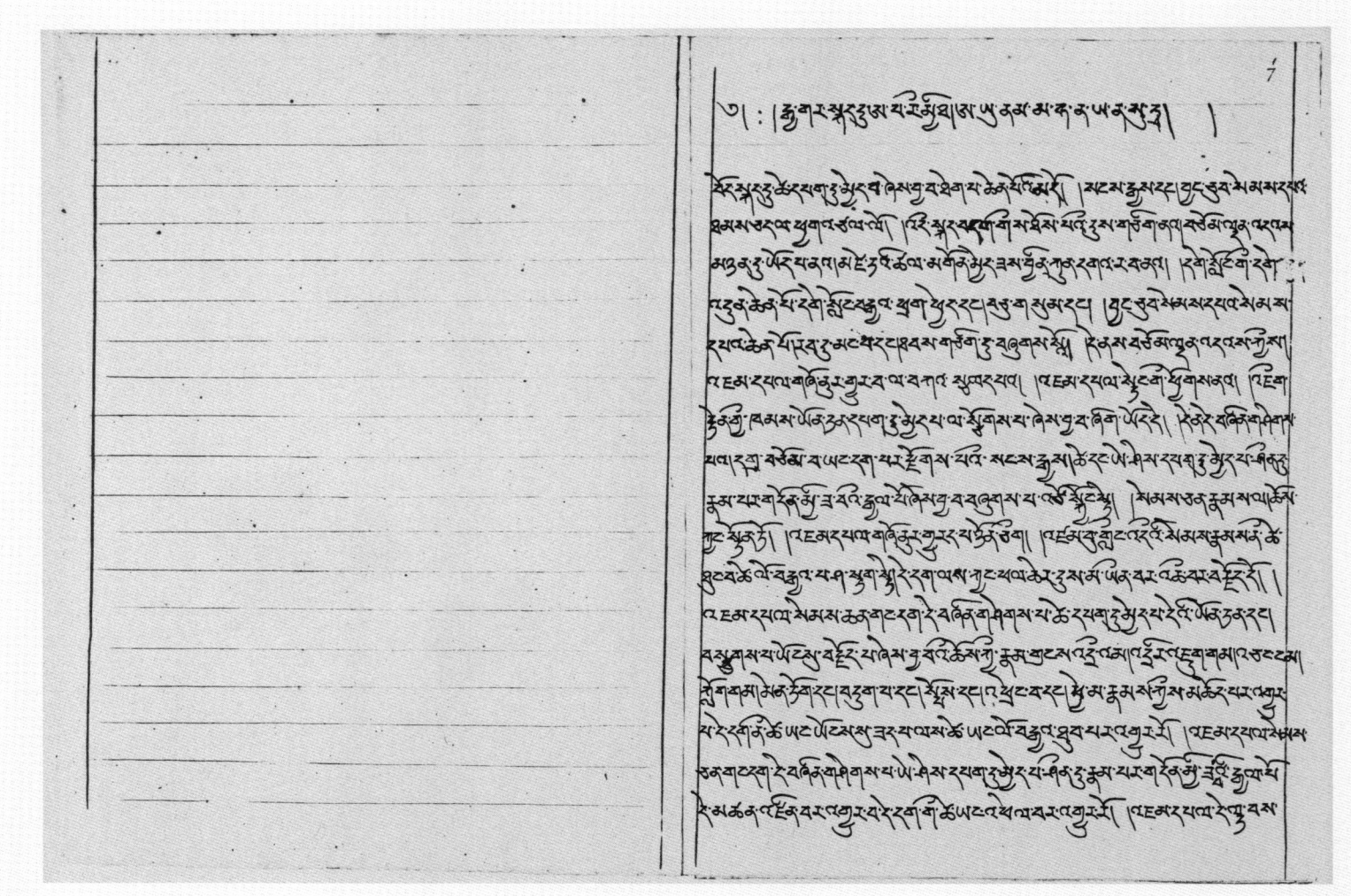

英 IOL.Tib.J.VOL.118　13.ཚེ་དཔག་དུ་མྱེད་པ་ཞེས་བྱ་བ་ཐེག་པ་ཆེན་པོའི་མདོ།
13.大乘無量壽宗要經　　　(133–21)

英 IOL.Tib.J.VOL.118　13.ཚེ་དཔག་དུ་མྱེད་པ་ཞེས་བྱ་བ་ཐེག་པ་ཆེན་པོའི་མདོ།
13.大乘無量壽宗要經　　　(133–22)

英 IOL.Tib.J.VOL.118　13.ཚེ་དཔག་དུ་མྱེད་པ་ཞེས་བྱ་བ་ཐེག་པ་ཆེན་པོའི་མདོ།

13.大乘無量壽宗要經　　　(133–23)

英 IOL.Tib.J.VOL.118　13.ཚེ་དཔག་དུ་མྱེད་པ་ཞེས་བྱ་བ་ཐེག་པ་ཆེན་པོའི་མདོ།　　14.བྲིས་ཞུས་བྱང་།

13.大乘無量壽宗要經　　14.抄寫校對題記　　(133–24)

英 IOL.Tib.J.VOL.118　15.ཚེ་དཔག་དུ་མྱེད་པ་ཞེས་བྱ་བ་ཐེག་པ་ཆེན་པོའི་མདོ།

15.大乘無量壽宗要經　　　(133–25)

英 IOL.Tib.J.VOL.118　15.ཚེ་དཔག་དུ་མྱེད་པ་ཞེས་བྱ་བ་ཐེག་པ་ཆེན་པོའི་མདོ།

15.大乘無量壽宗要經　　　(133–26)

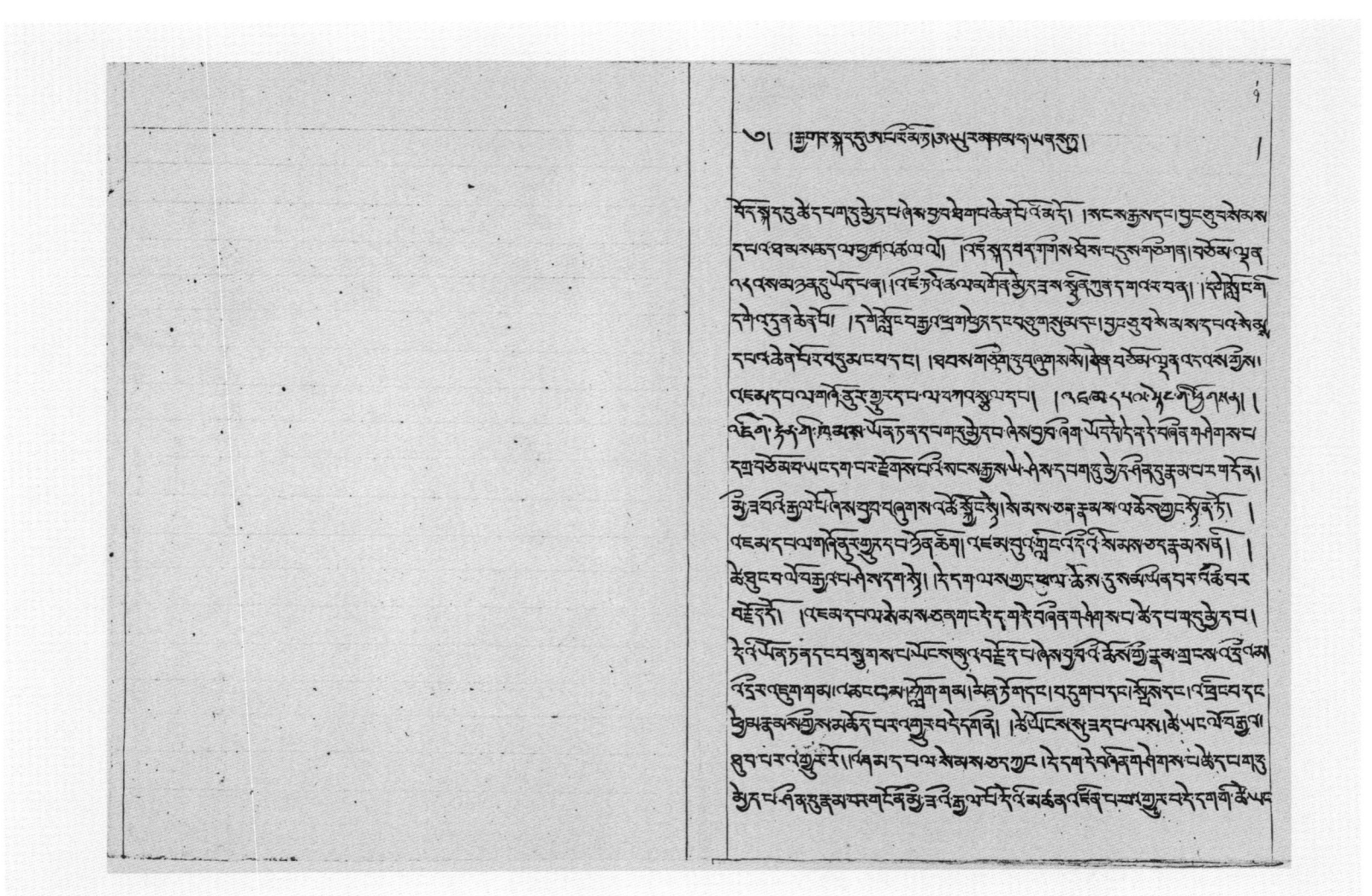

英 IOL.Tib.J.VOL.118　　15.ཚེ་དཔག་དུ་མྱེད་པ་ཞེས་བྱ་བ་ཐེག་པ་ཆེན་པོའི་མདོ།　　　16.བྲིས་བྱང་།

15.大乘無量壽宗要經　　　16.抄寫題記　　　(133−27)

17.ཚེ་དཔག་དུ་མྱེད་པ་ཞེས་བྱ་བ་ཐེག་པ་ཆེན་པོའི་མདོ།

英 IOL.Tib.J.VOL.118　　17.大乘無量壽宗要經　　　(133−28)

英 IOL.Tib.J.VOL.118　17.ཚེ་དཔག་དུ་མྱེད་པ་ཞེས་བྱ་བ་ཐེག་པ་ཆེན་པོའི་མདོ།

17.大乘無量壽宗要經　　　(133-29)

英 IOL.Tib.J.VOL.118　17.ཚེ་དཔག་དུ་མྱེད་པ་ཞེས་བྱ་བ་ཐེག་པ་ཆེན་པོའི་མདོ།

17.大乘無量壽宗要經　　　(133-30)

英 IOL.Tib.J.VOL.118　17.ཚེ་དཔག་དུ་མྱེད་པ་ཞེས་བྱ་བ་ཐེག་པ་ཆེན་པོའི་མདོ།　18.བྲིས་བྱང་།

17.大乘無量壽宗要經　　18.抄寫題記　　(133-31)

英 IOL.Tib.J.VOL.118　19.ཚེ་དཔག་དུ་མྱེད་པ་ཞེས་བྱ་བ་ཐེག་པ་ཆེན་པོའི་མདོ།

19.大乘無量壽宗要經　　(133-32)

英 IOL.Tib.J.VOL.118　　19.ཚེ་དཔག་དུ་མྱེད་པ་ཞེས་བྱ་བ་ཐེག་པ་ཆེན་པོའི་མདོ།
　　　　　　　　　　　　　19.大乘無量壽宗要經　　　(133–33)

英 IOL.Tib.J.VOL.118　　19.ཚེ་དཔག་དུ་མྱེད་པ་ཞེས་བྱ་བ་ཐེག་པ་ཆེན་པོའི་མདོ།　　　20.བྲིས་བྱང་།
　　　　　　　　　　　　　19.大乘無量壽宗要經　　　20.抄寫題記　　(133–34)

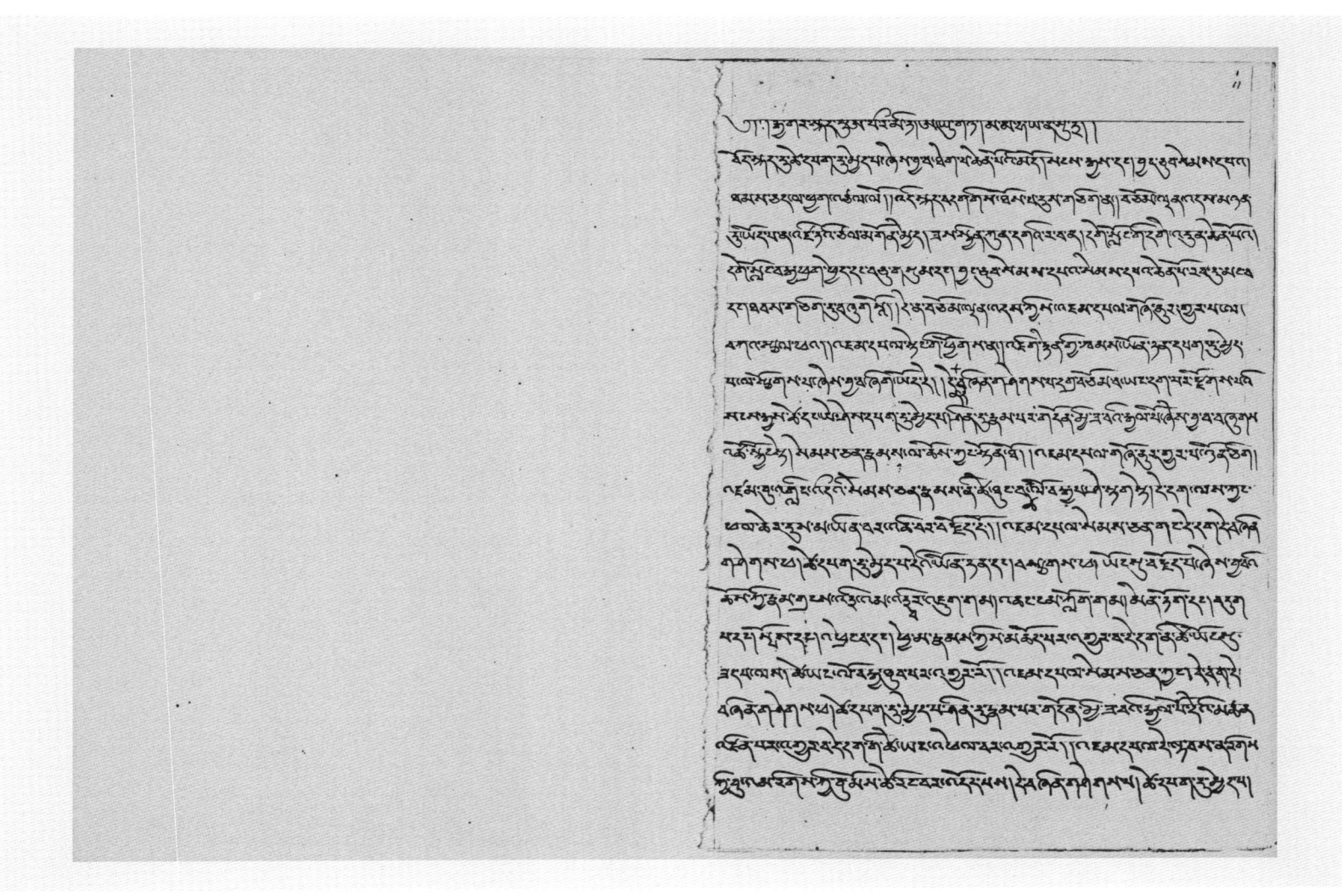

英 IOL.Tib.J.VOL.118　21.ཚེ་དཔག་དུ་མྱེད་པ་ཞེས་བྱ་བ་ཐེག་པ་ཆེན་པོའི་མདོ།
21.大乘無量壽宗要經　　(133–35)

英 IOL.Tib.J.VOL.118　21.ཚེ་དཔག་དུ་མྱེད་པ་ཞེས་བྱ་བ་ཐེག་པ་ཆེན་པོའི་མདོ།
21.大乘無量壽宗要經　　(133–36)

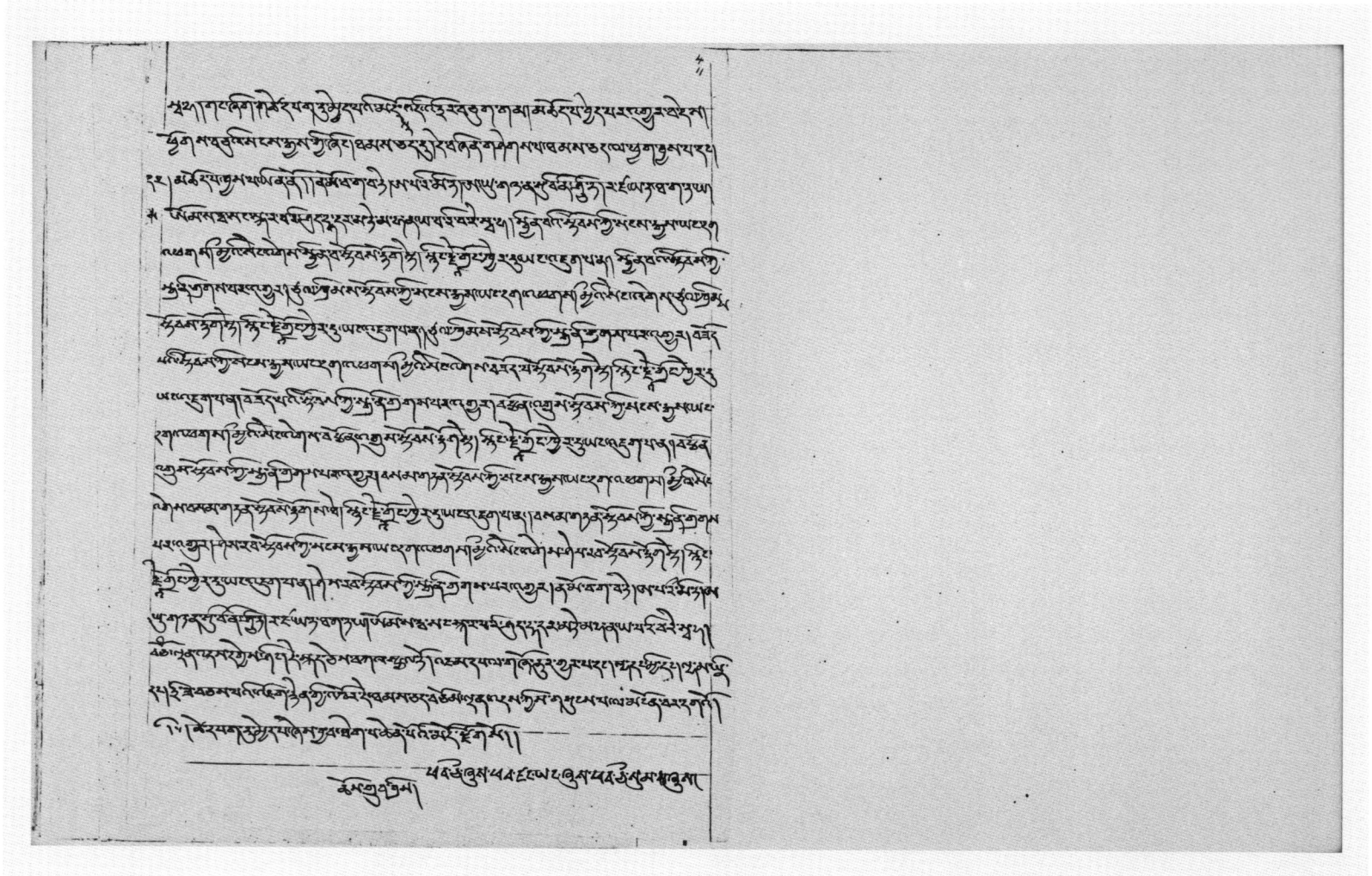

英 IOL.Tib.J.VOL.118　21.ཚེ་དཔག་དུ་མྱེད་པ་ཞེས་བྱ་བ་ཐེག་པ་ཆེན་པོའི་མདོ།
21.大乘無量壽宗要經　　　(133–37)

英 IOL.Tib.J.VOL.118　21.ཚེ་དཔག་དུ་མྱེད་པ་ཞེས་བྱ་བ་ཐེག་པ་ཆེན་པོའི་མདོ།　　22.བྲིས་ཞུས་བྱད།
21.大乘無量壽宗要經　　22.抄寫校對題記　　(133–38)

英 IOL.Tib.J.VOL.118　23.ཚེ་དཔག་དུ་མྱེད་པ་ཞེས་བྱ་བ་ཐེག་པ་ཆེན་པོའི་མདོ།

23.大乘無量壽宗要經　　(133-39)

英 IOL.Tib.J.VOL.118　23.ཚེ་དཔག་དུ་མྱེད་པ་ཞེས་བྱ་བ་ཐེག་པ་ཆེན་པོའི་མདོ།

23.大乘無量壽宗要經　　(133-40)

英 IOL.Tib.J.VOL.118　23.ཚེ་དཔག་དུ་མྱེད་པ་ཞེས་བྱ་བ་ཐེག་པ་ཆེན་པོའི་མདོ།
　　　　　　　　　23.大乘無量壽宗要經　　(133–41)

英 IOL.Tib.J.VOL.118　23.ཚེ་དཔག་དུ་མྱེད་པ་ཞེས་བྱ་བ་ཐེག་པ་ཆེན་པོའི་མདོ།　24.བྲིས་ཞུས་བྱང་།
　　　　　　　　　23.大乘無量壽宗要經　　24.抄寫校對題記　　(133–42)

英 IOL.Tib.J.VOL.118　25.ཚེ་དཔག་ཏུ་མྱེད་པ་ཞེས་བྱ་བ་ཐེག་པ་ཆེན་པོའི་མདོ།
25.大乘無量壽宗要經　　(133–43)

英 IOL.Tib.J.VOL.118　25.ཚེ་དཔག་ཏུ་མྱེད་པ་ཞེས་བྱ་བ་ཐེག་པ་ཆེན་པོའི་མདོ།
25.大乘無量壽宗要經　　(133–44)

英 IOL.Tib.J.VOL.118　25.ཚེ་དཔག་དུ་མྱེད་པ་ཞེས་བྱ་བ་ཐེག་པ་ཆེན་པོའི་མདོ།　　26.བྲིས་བྱང་།

25.大乘無量壽宗要經　　26.抄寫題記　　(133-45)

英 IOL.Tib.J.VOL.118　27.ཚེ་དཔག་དུ་མྱེད་པ་ཞེས་བྱ་བ་ཐེག་པ་ཆེན་པོའི་མདོ།

27.大乘無量壽宗要經　　(133-46)

英 IOL.Tib.J.VOL.118　27.ཚེ་དཔག་དུ་མྱེད་པ་ཞེས་བྱ་བ་ཐེག་པ་ཆེན་པོའི་མདོ།
27.大乘無量壽宗要經　　(133-47)

英 IOL.Tib.J.VOL.118　27.ཚེ་དཔག་དུ་མྱེད་པ་ཞེས་བྱ་བ་ཐེག་པ་ཆེན་པོའི་མདོ།　28.བྲིས་ཞུས་བྱང་།
27.大乘無量壽宗要經　　28.抄寫校對題記　(133-48)

英 IOL.Tib.J.VOL.118 　29.ཚེ་དཔག་དུ་མྱེད་པ་ཞེས་བྱེ་བ་ཐེག་པ་ཆེན་པོའི་མདོ།
29.大乘無量壽宗要經　　(133–49)

英 IOL.Tib.J.VOL.118 　29.ཚེ་དཔག་དུ་མྱེད་པ་ཞེས་བྱེ་བ་ཐེག་པ་ཆེན་པོའི་མདོ།
29.大乘無量壽宗要經　　(133–50)

英 IOL.Tib.J.VOL.118　29.ཚེ་དཔག་ཏུ་མྱེད་པ་ཞེས་བྱི་བ་ཐེག་པ་ཆེན་པོའི་མདོ།

29.大乘無量壽宗要經　　　(133-51)

英 IOL.Tib.J.VOL.118　30.ཚེ་དཔག་ཏུ་མྱེད་པ་ཞེས་བྱི་བ་ཐེག་པ་ཆེན་པོའི་མདོ།

30.大乘無量壽宗要經　　　(133-52)

英 IOL.Tib.J.VOL.118　30.ཚེ་དཔག་དུ་མྱེད་པ་ཞེས་བྱེ་བ་ཐེག་པ་ཆེན་པོའི་མདོ།
30.大乘無量壽宗要經　　(133–53)

英 IOL.Tib.J.VOL.118　30.ཚེ་དཔག་དུ་མྱེད་པ་ཞེས་བྱེ་བ་ཐེག་པ་ཆེན་པོའི་མདོ།　31.བྲིས་ཞུས་བྱང་།
30.大乘無量壽宗要經　　31.抄寫校對題記　　(133–54)

英 IOL.Tib.J.VOL.118　32.ཚེ་དཔག་དུ་མྱེད་པ་ཞེས་བྱ་བ་ཐེག་པ་ཆེན་པོའི་མདོ།

32.大乘無量壽宗要經　　　(133–55)

英 IOL.Tib.J.VOL.118　32.ཚེ་དཔག་དུ་མྱེད་པ་ཞེས་བྱ་བ་ཐེག་པ་ཆེན་པོའི་མདོ།

32.大乘無量壽宗要經　　　(133–56)

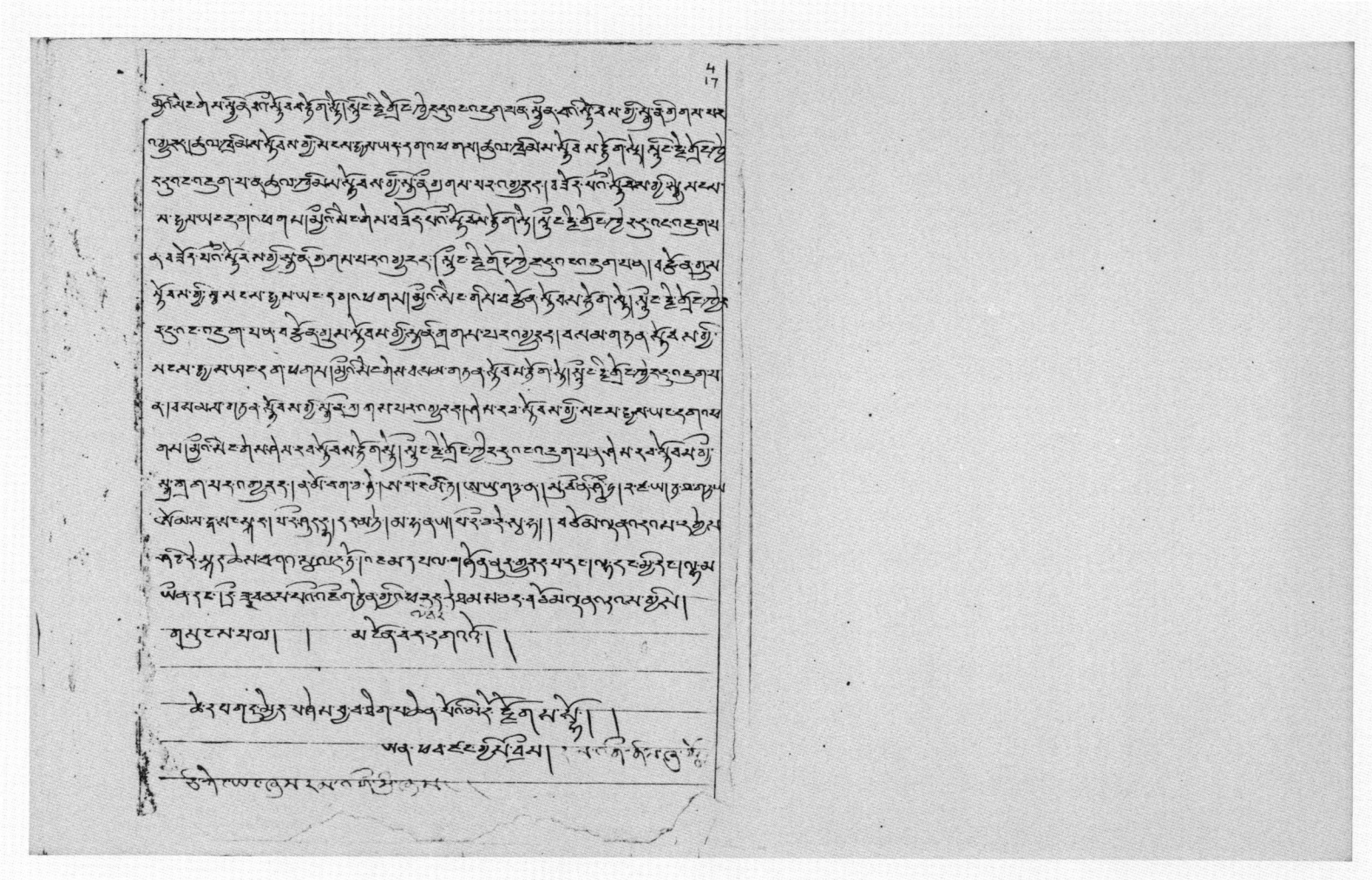

英 IOL.Tib.J.VOL.118　32.ཚེ་དཔག་དུ་མྱེད་པ་ཞེས་བྱ་བ་ཐེག་པ་ཆེན་པོའི་མདོ།

32.大乘無量壽宗要經　　　(133–57)

英 IOL.Tib.J.VOL.118　32.ཚེ་དཔག་དུ་མྱེད་པ་ཞེས་བྱ་བ་ཐེག་པ་ཆེན་པོའི་མདོ།　　33.བྲིས་ཞུས་བྱང་།

32.大乘無量壽宗要經　　　33.抄寫校對題記　　(133–58)

英 IOL.Tib.J.VOL.118　34.ཚེ་དཔག་ཏུ་མྱེད་པ་ཞེས་བྱ་བ་ཐེག་པ་ཆེན་པོའི་མདོ།
34.大乘無量壽宗要經　　(133-59)

英 IOL.Tib.J.VOL.118　34.ཚེ་དཔག་ཏུ་མྱེད་པ་ཞེས་བྱ་བ་ཐེག་པ་ཆེན་པོའི་མདོ།
34.大乘無量壽宗要經　　(133-60)

英 IOL.Tib.J.VOL.118　34.ཚེ་དཔག་དུ་མྱེད་པ་ཞེས་བྱ་བ་ཐེག་པ་ཆེན་པོའི་མདོ།

34.大乘無量壽宗要經　　　(133–61)

英 IOL.Tib.J.VOL.118　34.ཚེ་དཔག་དུ་མྱེད་པ་ཞེས་བྱ་བ་ཐེག་པ་ཆེན་པོའི་མདོ།　　35.བྲིས་ཞུས་བྱང་།

34.大乘無量壽宗要經　　35.抄寫校對題記　(133–62)

英 IOL.Tib.J.VOL.118　36.ཚེ་དཔག་དུ་མྱེད་པ་ཞེས་བྱ་བ་ཐེག་པ་ཆེན་པོའི་མདོ།

36.大乘無量壽宗要經　　(133–63)

英 IOL.Tib.J.VOL.118　36.ཚེ་དཔག་དུ་མྱེད་པ་ཞེས་བྱ་བ་ཐེག་པ་ཆེན་པོའི་མདོ།

36.大乘無量壽宗要經　　(133–64)

英 IOL.Tib.J.VOL.118　　36.ཚེ་དཔག་དུ་མྱེད་པ་ཞེས་བྱ་བ་ཐེག་པ་ཆེན་པོའི་མདོ།　　37.བྲིས་ཞུས་བྱང་།

36.大乘無量壽宗要經　　37.抄寫校對題記　　　(133–65)

英 IOL.Tib.J.VOL.118　　38.ཚེ་དཔག་དུ་མྱེད་པ་ཞེས་བྱ་བ་ཐེག་པ་ཆེན་པོའི་མདོ།

38.大乘無量壽宗要經　　　(133–66)

134

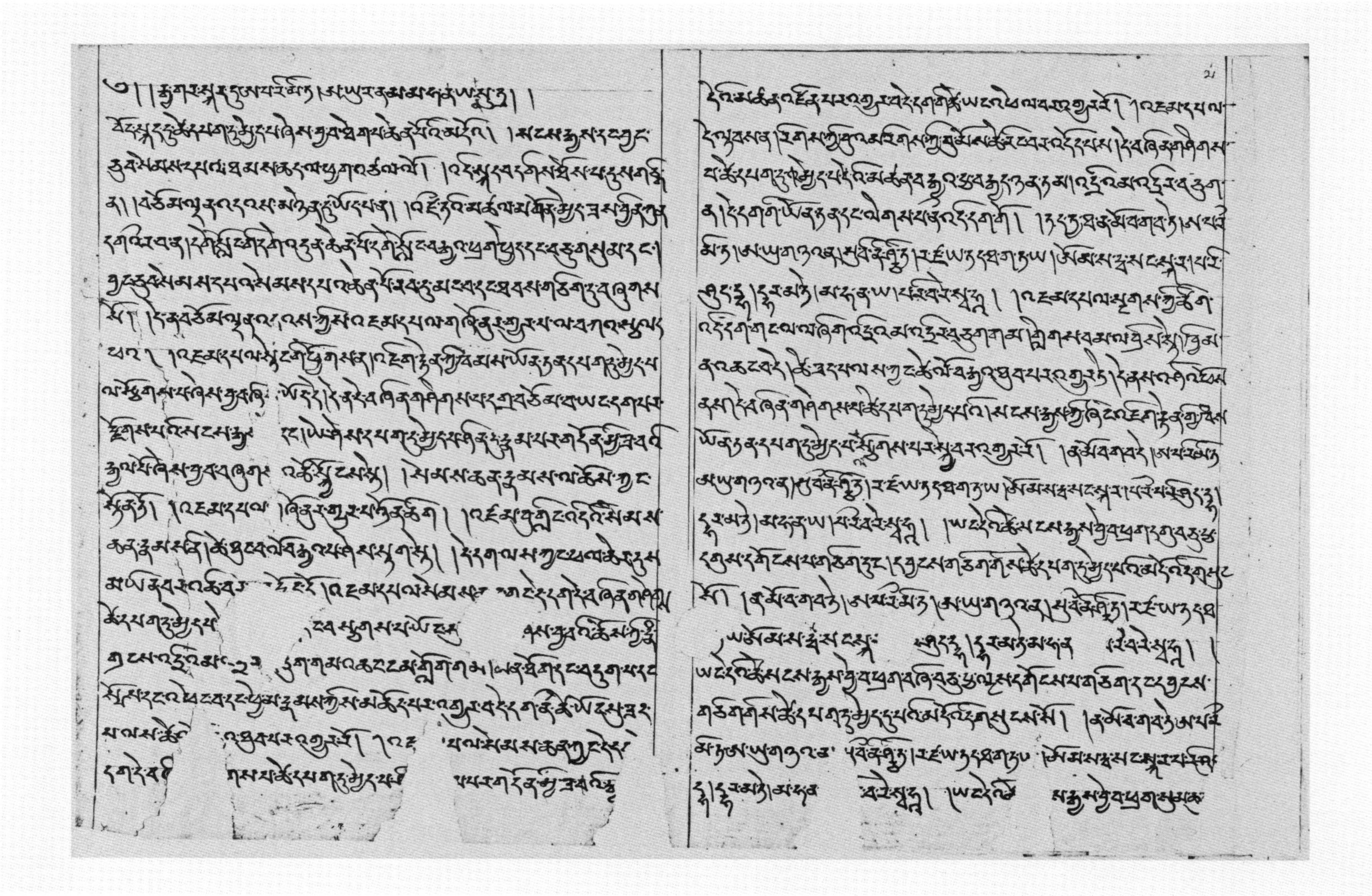

英 IOL.Tib.J.VOL.118　40.ཚེ་དཔག་དུ་མེད་པ་ཞེས་བྱ་བ་ཐེག་པ་ཆེན་པོའི་མདོ།
40.大乘無量壽宗要經　(133–69)

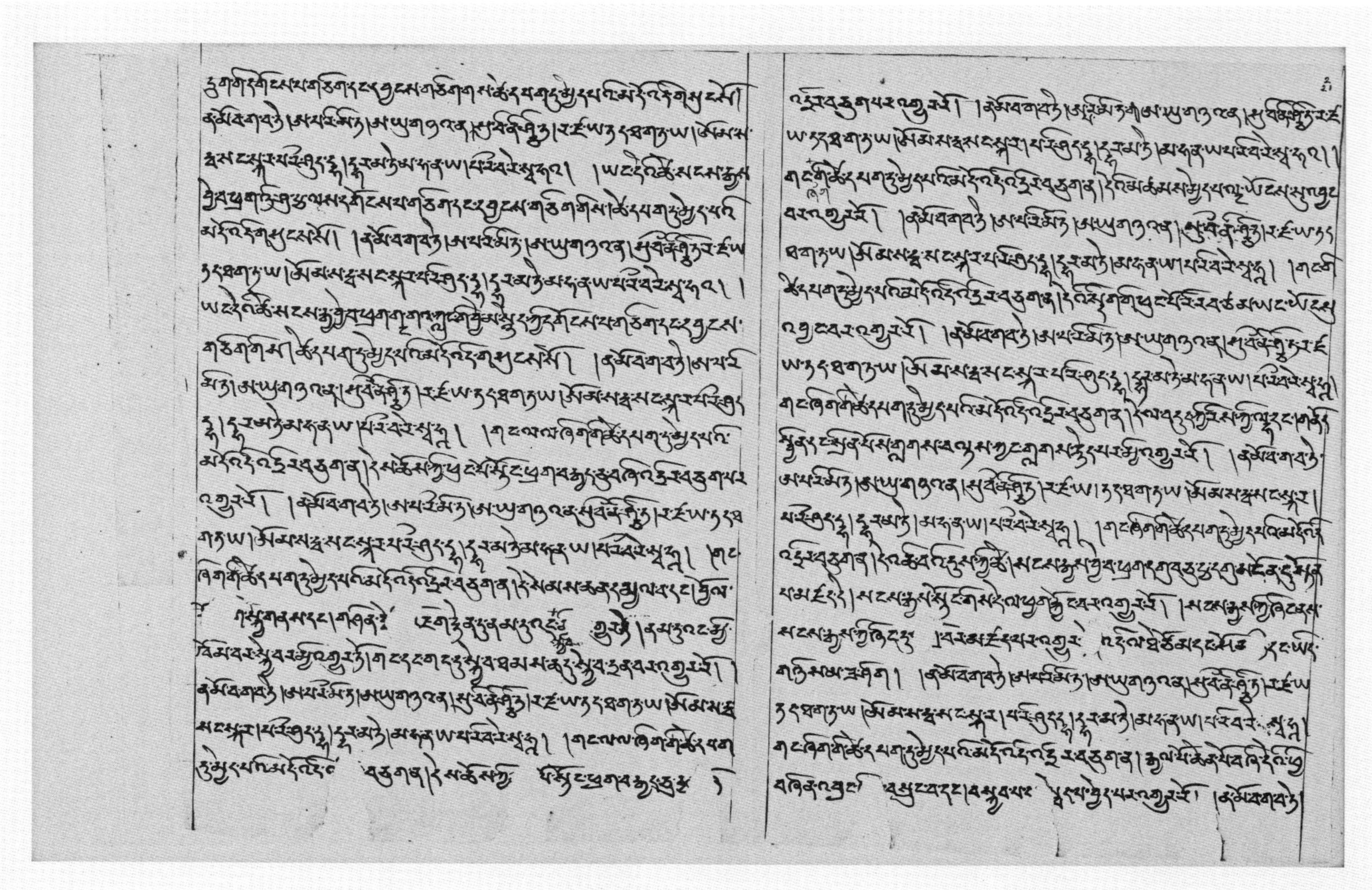

英 IOL.Tib.J.VOL.118　40.ཚེ་དཔག་དུ་མེད་པ་ཞེས་བྱ་བ་ཐེག་པ་ཆེན་པོའི་མདོ།
40.大乘無量壽宗要經　(133–70)

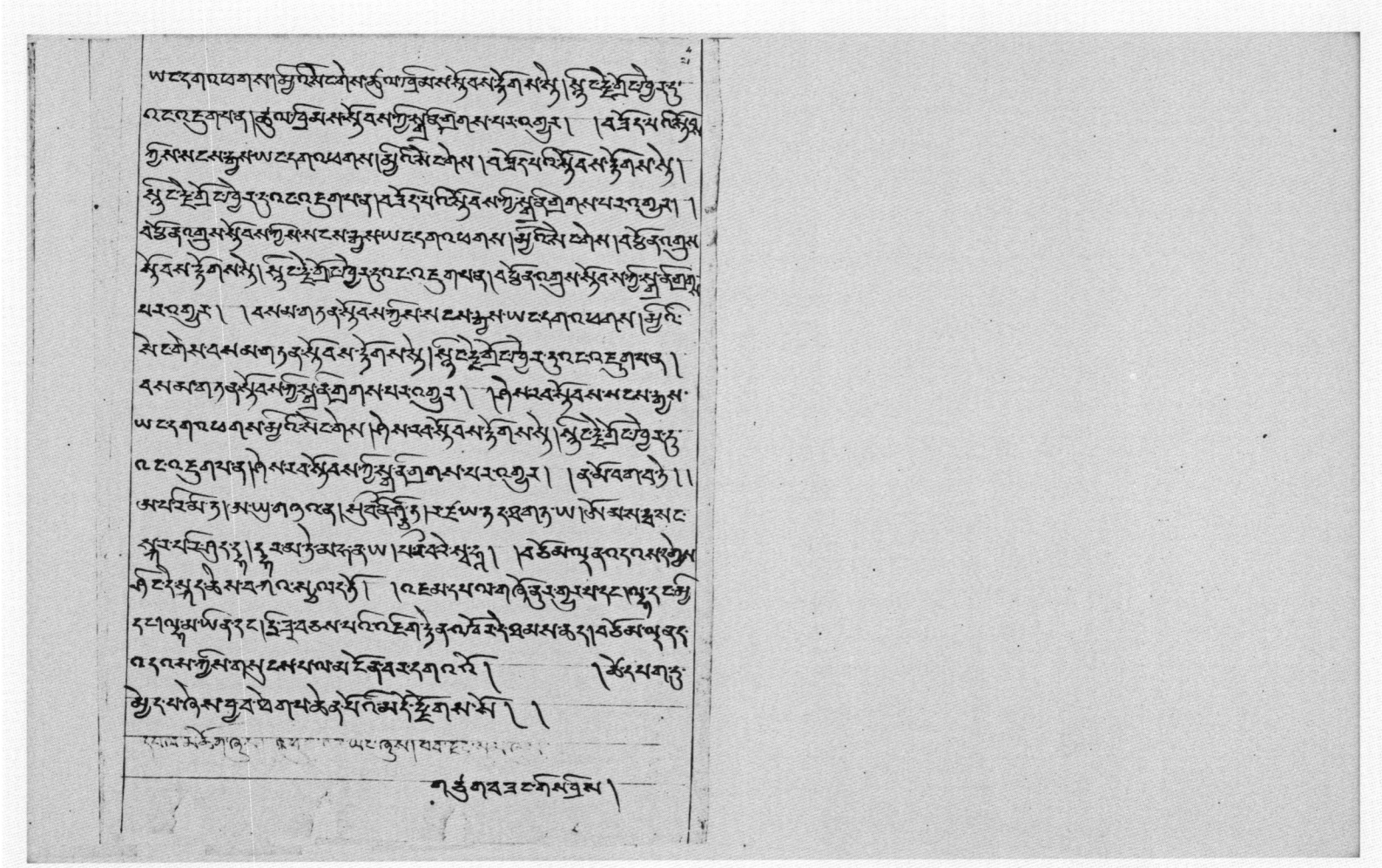

英 IOL.Tib.J.VOL.118　40.ཆོ་དཔག་དུ་མྱེད་པ་ཞེས་བྱ་བ་ཐེག་པ་ཆེན་པོའི་མདོ།
40.大乘無量壽宗要經　　　(133-71)

英 IOL.Tib.J.VOL.118　40.ཆོ་དཔག་དུ་མྱེད་པ་ཞེས་བྱ་བ་ཐེག་པ་ཆེན་པོའི་མདོ།　41.བྲིས་ཞུས་བྱང་།
40.大乘無量壽宗要經　　41.抄寫校對題記　(133-72)

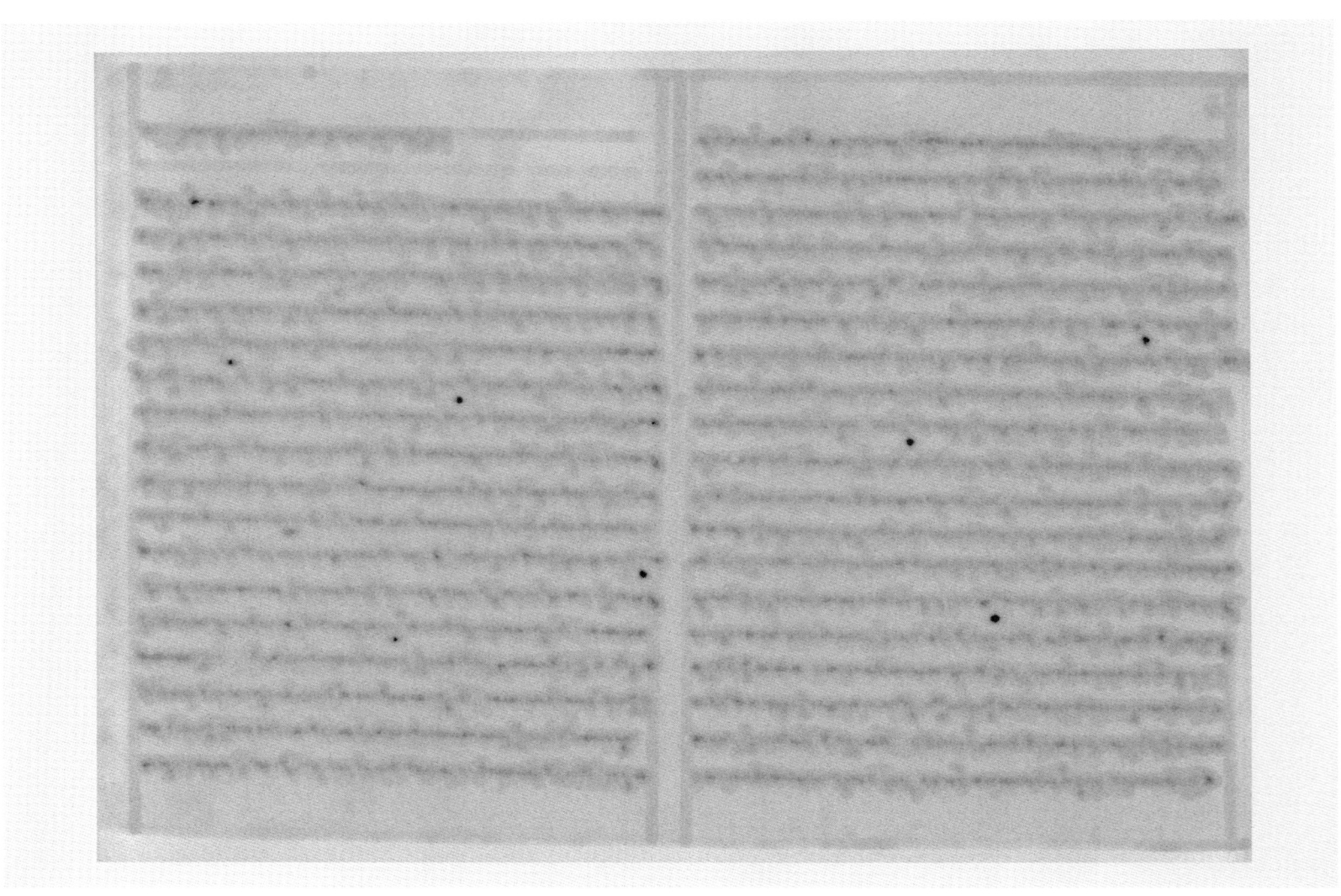

英 IOL.Tib.J.VOL.118　42.ཚེ་དཔག་ཏུ་མྱེད་པ་ཞེས་བྱ་བ་ཐེག་པ་ཆེན་པོའི་མདོ།

42.大乘無量壽宗要經　　(133–73)

英 IOL.Tib.J.VOL.118　42.ཚེ་དཔག་ཏུ་མྱེད་པ་ཞེས་བྱ་བ་ཐེག་པ་ཆེན་པོའི་མདོ།

42.大乘無量壽宗要經　　(133–74)

138

英 IOL.Tib.J.VOL.118　42.ཚེ་དཔག་དུ་མྱེད་པ་ཞེས་བྱ་བ་ཐེག་པ་ཆེན་པོའི་མདོ།　　43.བྲིས་ཞུས་བྱང་།

42.大乘無量壽宗要經　　43.抄寫校對題記　　　(133–75)

英 IOL.Tib.J.VOL.118　44.ཚེ་དཔག་དུ་མྱེད་པ་ཞེས་བྱ་བ་ཐེག་པ་ཆེན་པོའི་མདོ།

44.大乘無量壽宗要經　　　(133–76)

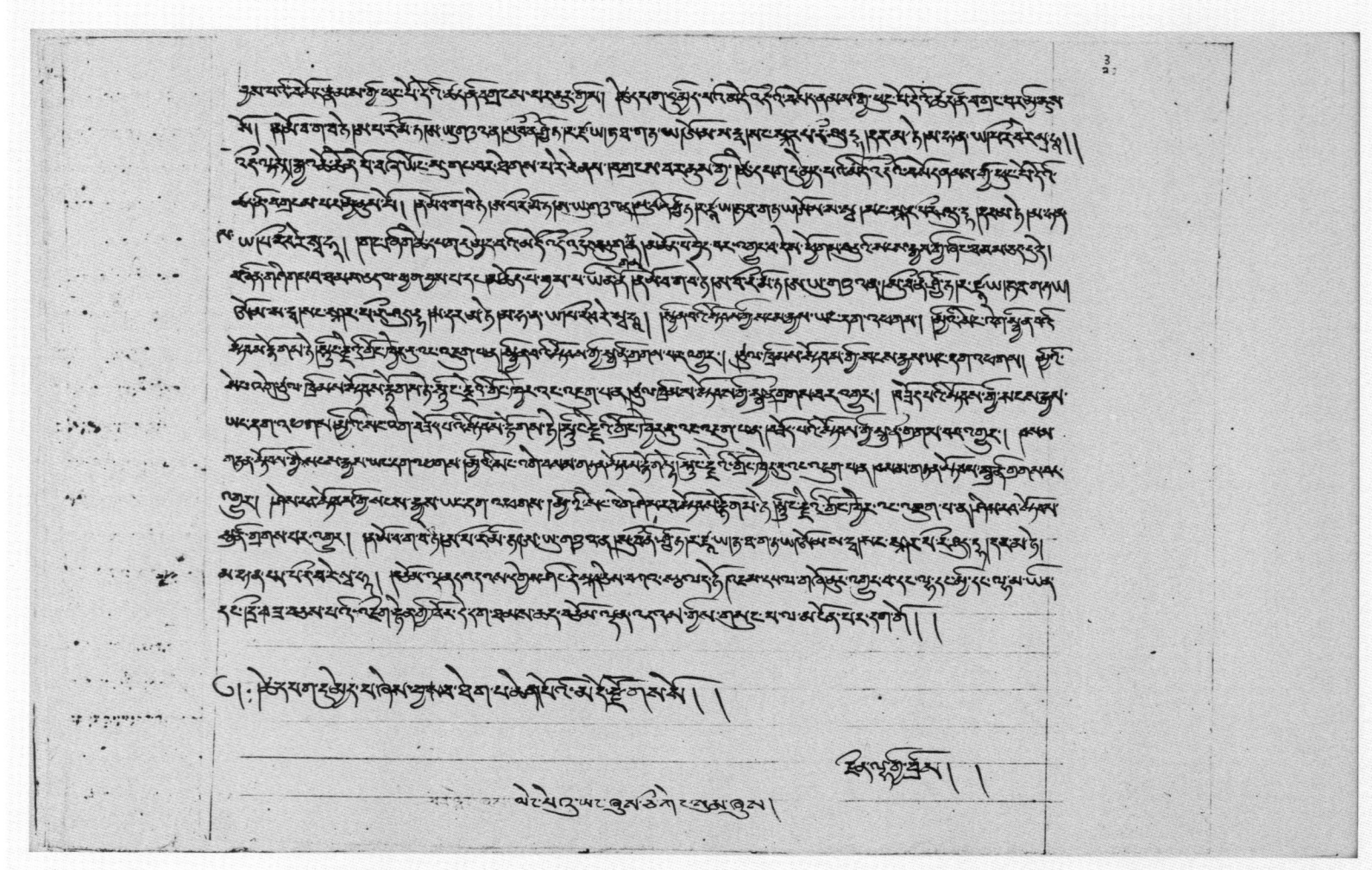

英 IOL.Tib.J.VOL.118　44.ཚེ་དཔག་དུ་མྱེད་པ་ཞེས་བྱ་བ་ཐེག་པ་ཆེན་པོའི་མདོ།

44.大乘無量壽宗要經　　　(133-77)

英 IOL.Tib.J.VOL.118　44.ཚེ་དཔག་དུ་མྱེད་པ་ཞེས་བྱ་བ་ཐེག་པ་ཆེན་པོའི་མདོ།　　45.བྲིས་ཞུས་བྱུང་།

44.大乘無量壽宗要經　　　45.抄寫校對題記　　(133-78)

英 IOL.Tib.J.VOL.118　46.ཚེ་དཔག་དུ་མྱེད་པ་ཞེས་བྱ་བ་ཐེག་པ་ཆེན་པོའི་མདོ།
46.大乘無量壽宗要經　　　(133–79)

英 IOL.Tib.J.VOL.118　46.ཚེ་དཔག་དུ་མྱེད་པ་ཞེས་བྱ་བ་ཐེག་པ་ཆེན་པོའི་མདོ།
46.大乘無量壽宗要經　　　(133–80)

英 IOL.Tib.J.VOL.118　46.ཚེ་དཔག་དུ་མེད་པ་ཞེས་བྱ་བ་ཐེག་པ་ཆེན་པོའི་མདོ།
46.大乘無量壽宗要經　(133–81)

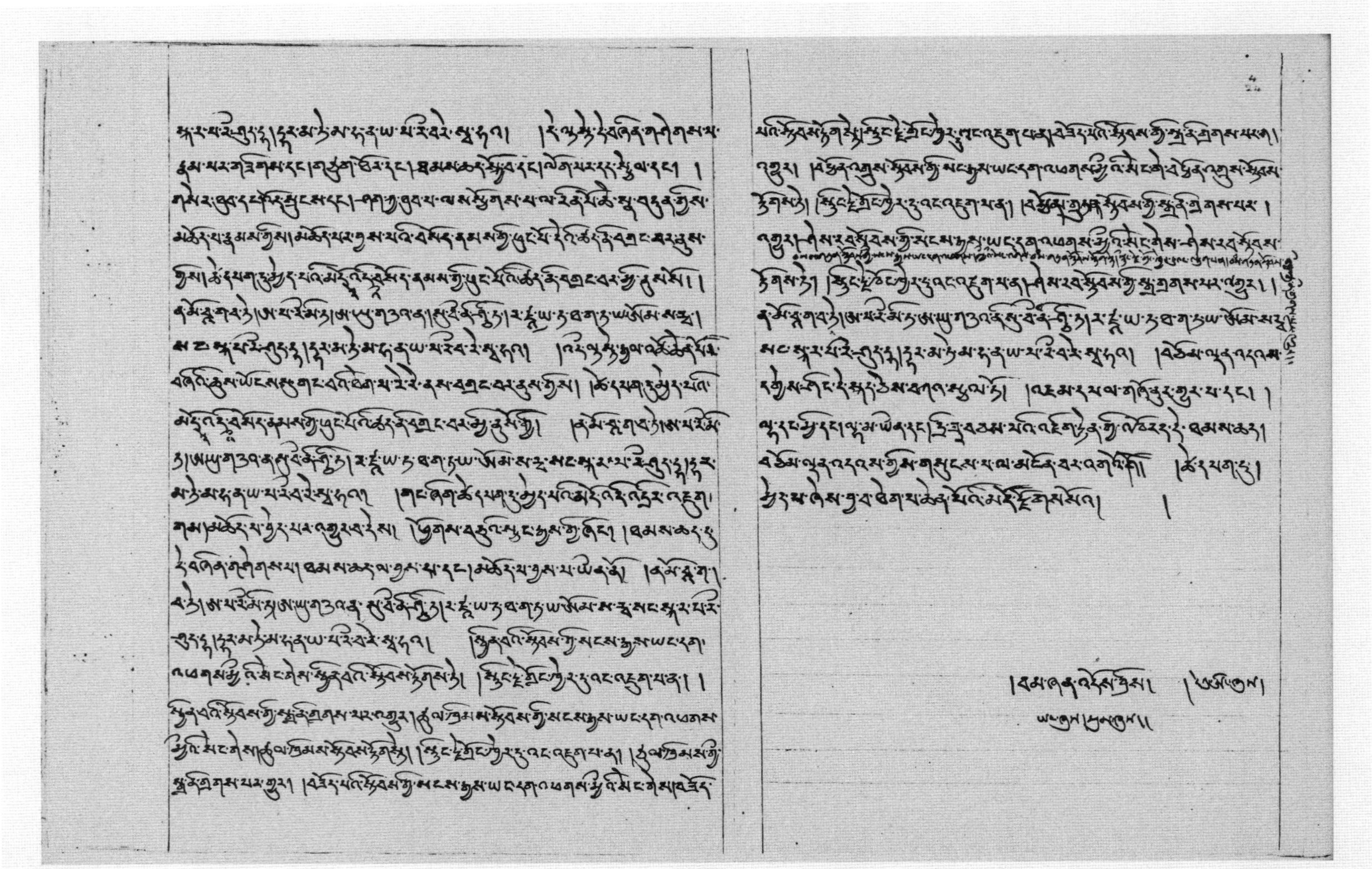

英 IOL.Tib.J.VOL.118　46.ཚེ་དཔག་དུ་མེད་པ་ཞེས་བྱ་བ་ཐེག་པ་ཆེན་པོའི་མདོ།　47.བྲིས་ཞུས་བྱང་།
46.大乘無量壽宗要經　47.抄寫校對題記　(133–82)

48.ཚེ་དཔག་དུ་མྱེད་པའི་ཞེས་བྱ་བ་ཐེག་པ་ཆེན་པོའི་མདོ།

48.大乘無量壽宗要經　　(133–83)

48.ཚེ་དཔག་དུ་མྱེད་པའི་ཞེས་བྱ་བ་ཐེག་པ་ཆེན་པོའི་མདོ།

48.大乘無量壽宗要經　　(133–84)

英 IOL.Tib.J.VOL.118　48.ཚེ་དཔག་དུ་མྱེད་པའི་ཞེས་བྱ་བ་ཐེག་པ་ཆེན་པོའི་མདོ།　　49.བྲིས་ཞུས་བྱང་།

48.大乘無量壽宗要經　　49.抄寫校對題記　　(133–85)

英 IOL.Tib.J.VOL.118　50.ཚེ་དཔག་དུ་མྱེད་པ་ཞེས་བྱ་བ་ཐེག་པ་ཆེན་པོའི་མདོ།

50.大乘無量壽宗要經　　(133–86)

英 IOL.Tib.J.VOL.118　50.ཚེ་དཔག་དུ་མྱེད་པ་ཞེས་བྱ་བ་ཐེག་པ་ཆེན་པོའི་མདོ།

50.大乘無量壽宗要經　　　(133–87)

英 IOL.Tib.J.VOL.118　50.ཚེ་དཔག་དུ་མྱེད་པ་ཞེས་བྱ་བ་ཐེག་པ་ཆེན་པོའི་མདོ།　51.ཞུས་བྱང་།

50.大乘無量壽宗要經　　　51.校對題記　　(133–88)

英 IOL.Tib.J.VOL.118　52.ཚེ་དཔག་དུ་མྱེད་པ་ཞེས་བྱ་བའི་ཐེག་པ་ཆེན་པོའི་མདོ།

52.大乘無量壽宗要經　　(133-89)

英 IOL.Tib.J.VOL.118　52.ཚེ་དཔག་དུ་མྱེད་པ་ཞེས་བྱ་བའི་ཐེག་པ་ཆེན་པོའི་མདོ།

52.大乘無量壽宗要經　　(133-90)

52.大乘無量壽宗要經　　　（133−91）

52.大乘無量壽宗要經　　53.抄寫題記　　（133−92）

英 IOL.Tib.J.VOL.118　　54.ཚེ་དཔག་དུ་མྱེད་པ་ཞེས་བྱ་བའ་ཐེག་པ་ཆེན་པོའི་མདོ།
54.大乘無量壽宗要經　　　(133-93)

英 IOL.Tib.J.VOL.118　　54.ཚེ་དཔག་དུ་མྱེད་པ་ཞེས་བྱ་བའ་ཐེག་པ་ཆེན་པོའི་མདོ།
54.大乘無量壽宗要經　　　(133-94)

英 IOL.Tib.J.VOL.118　54.ཚེ་དཔག་དུ་མྱེད་པ་ཞེས་བྱ་བའ་ཐེག་པ་ཆེན་པོའི་མདོས།　55.བྲིས་ཞུས་བྱུང་།

54.大乘無量壽宗要經　　55.抄寫校對題記　　(133–95)

英 IOL.Tib.J.VOL.118　56.ཚེ་དཔག་དུ་མྱེད་པ་ཞེས་བྱ་བ་ཐེག་པ་ཆེན་པོའི་མདོ

56.大乘無量壽宗要經　　(133–96)

英 IOL.Tib.J.VOL.118　56.ཚེ་དཔག་དུ་མྱེད་པ་ཞེས་བྱ་བ་ཐེག་པ་ཆེན་པོའི་མདོ།
56.大乘無量壽宗要經　　　(133–97)

英 IOL.Tib.J.VOL.118　56.ཚེ་དཔག་དུ་མྱེད་པ་ཞེས་བྱ་བ་ཐེག་པ་ཆེན་པོའི་མདོ།
56.大乘無量壽宗要經　　　(133–98)

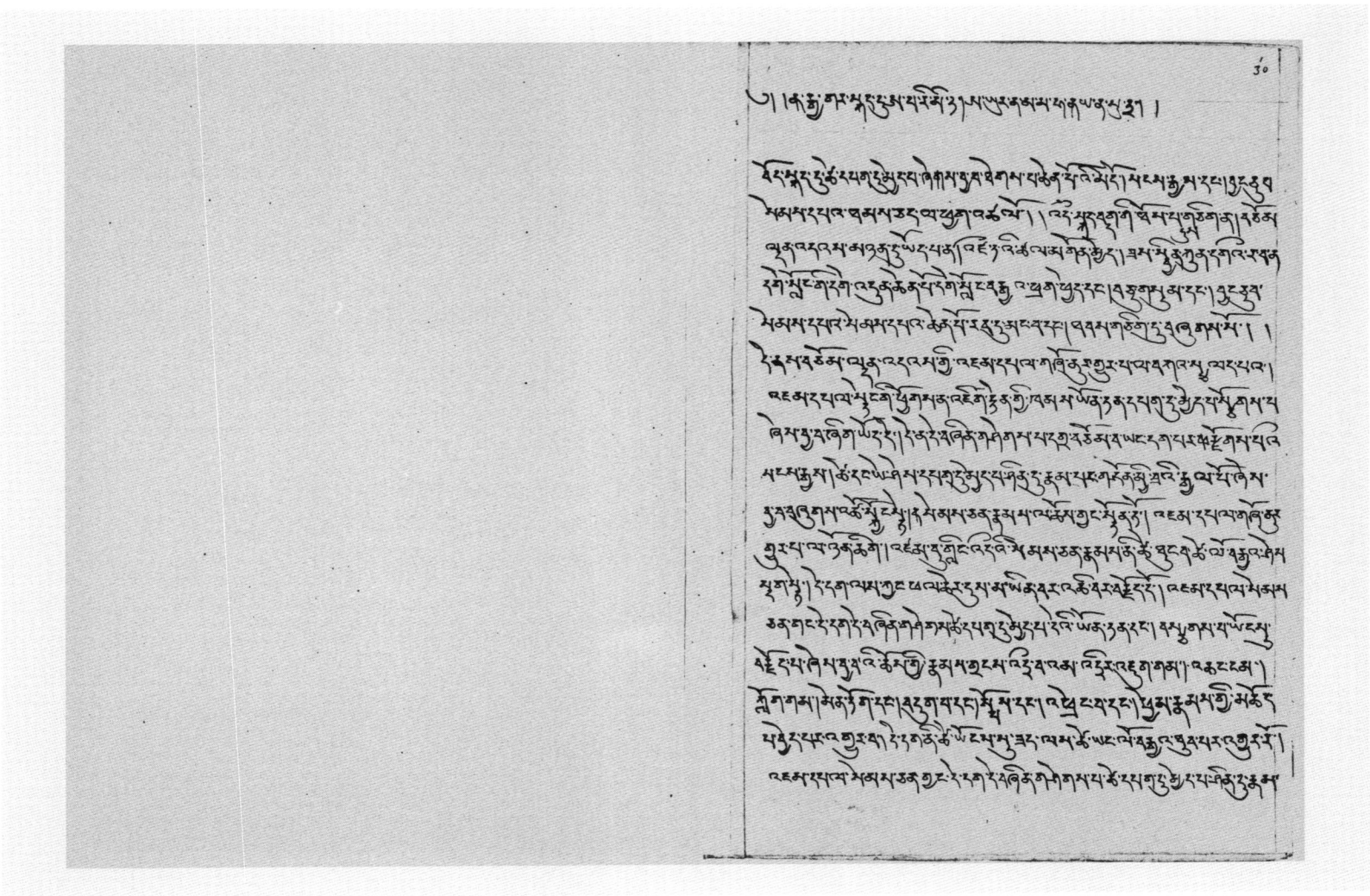

英 IOL.Tib.J.VOL.118　56.ཚེ་དཔག་དུ་མྱེད་པ་ཞེས་བྱ་བ་ཐེག་པ་ཆེན་པོའི་མདོ།　57.བྲིས་བྱུང་།
56.大乘無量壽宗要經　　57.抄寫題記　　(133-99)

英 IOL.Tib.J.VOL.118　58.ཚེ་དཔག་དུ་མྱེད་པ་ཞེས་བྱ་བ་ཐེག་པས་ཆེན་པོའི་མདོ།
58.大乘無量壽宗要經　　(133-100)

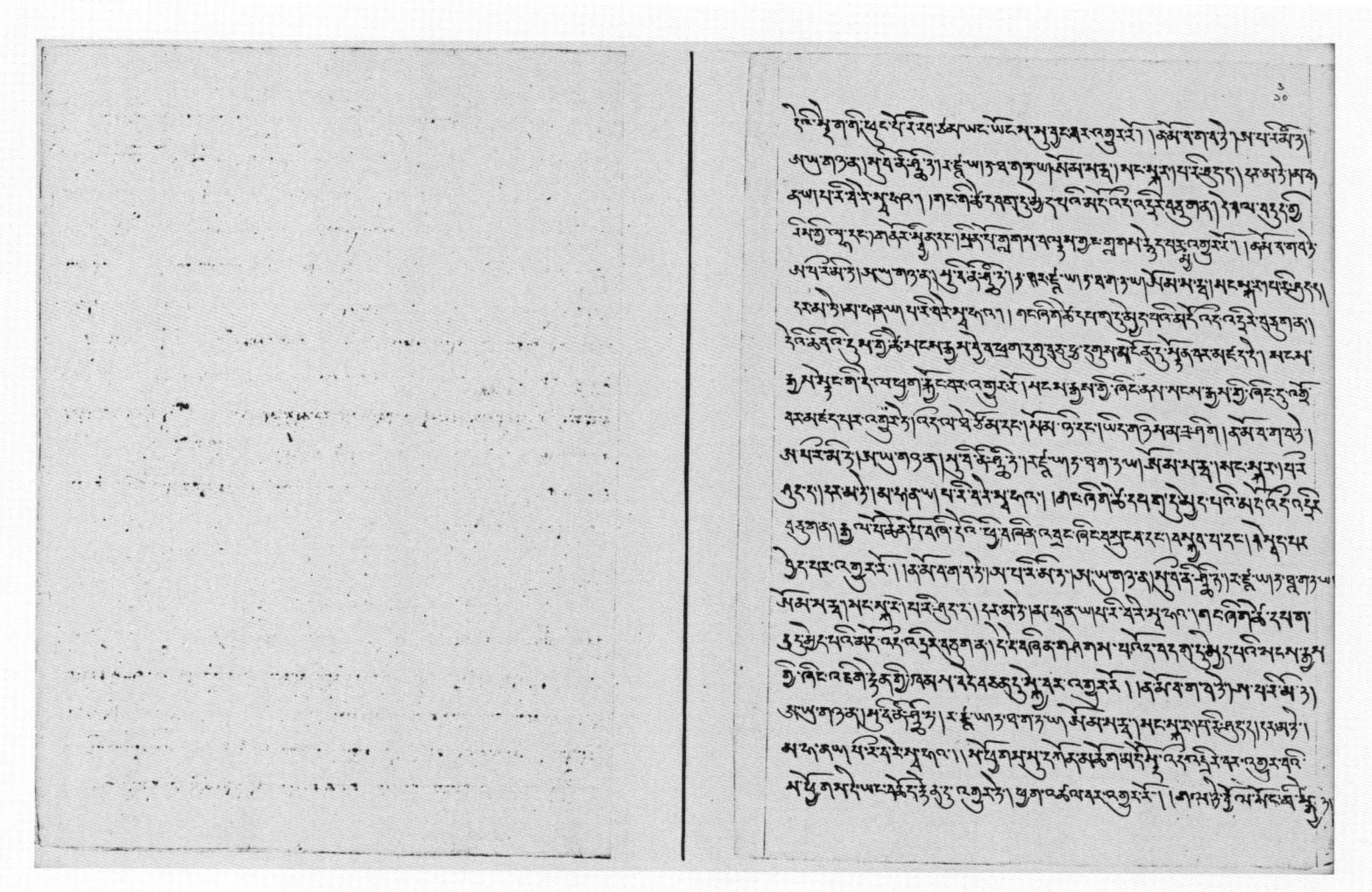

英 IOL.Tib.J.VOL.118　58.ཚེ་དཔག་དུ་མྱེད་པ་ཞེས་བྱ་བ་ཐེགས་པ་ཆེན་པོའི་མདོ།
58.大乘無量壽宗要經　　　(133-101)

英 IOL.Tib.J.VOL.118　58.ཚེ་དཔག་དུ་མྱེད་པ་ཞེས་བྱ་བ་ཐེགས་པ་ཆེན་པོའི་མདོ།
58.大乘無量壽宗要經　　　(133-102)

英 IOL.Tib.J.VOL.118　58.ཚེ་དཔག་དུ་མྱེད་པ་ཞེས་བྱ་བ་ཐེག་པ་ཆེན་པོའི་མདོ།　　59.བྲིས་བྱང་།

58.大乘無量壽宗要經　　59.抄寫題記　　（133-103）

英 IOL.Tib.J.VOL.118　60.ཚེ་དཔག་དུ་མྱེད་པ་ཞེས་བྱ་བ་ཐེག་པ་ཆེན་པོའི་མདོ།

60.大乘無量壽宗要經　　（133-104）

英 IOL.Tib.J.VOL.118　60.ཚེ་དཔག་ཏུ་མྱེད་པ་ཞེས་བྱ་བ་ཐེག་པ་ཆེན་པོའི་མདོ།
60.大乘無量壽宗要經　(133–105)

英 IOL.Tib.J.VOL.118　60.ཚེ་དཔག་ཏུ་མྱེད་པ་ཞེས་བྱ་བ་ཐེག་པ་ཆེན་པོའི་མདོ།
60.大乘無量壽宗要經　(133–106)

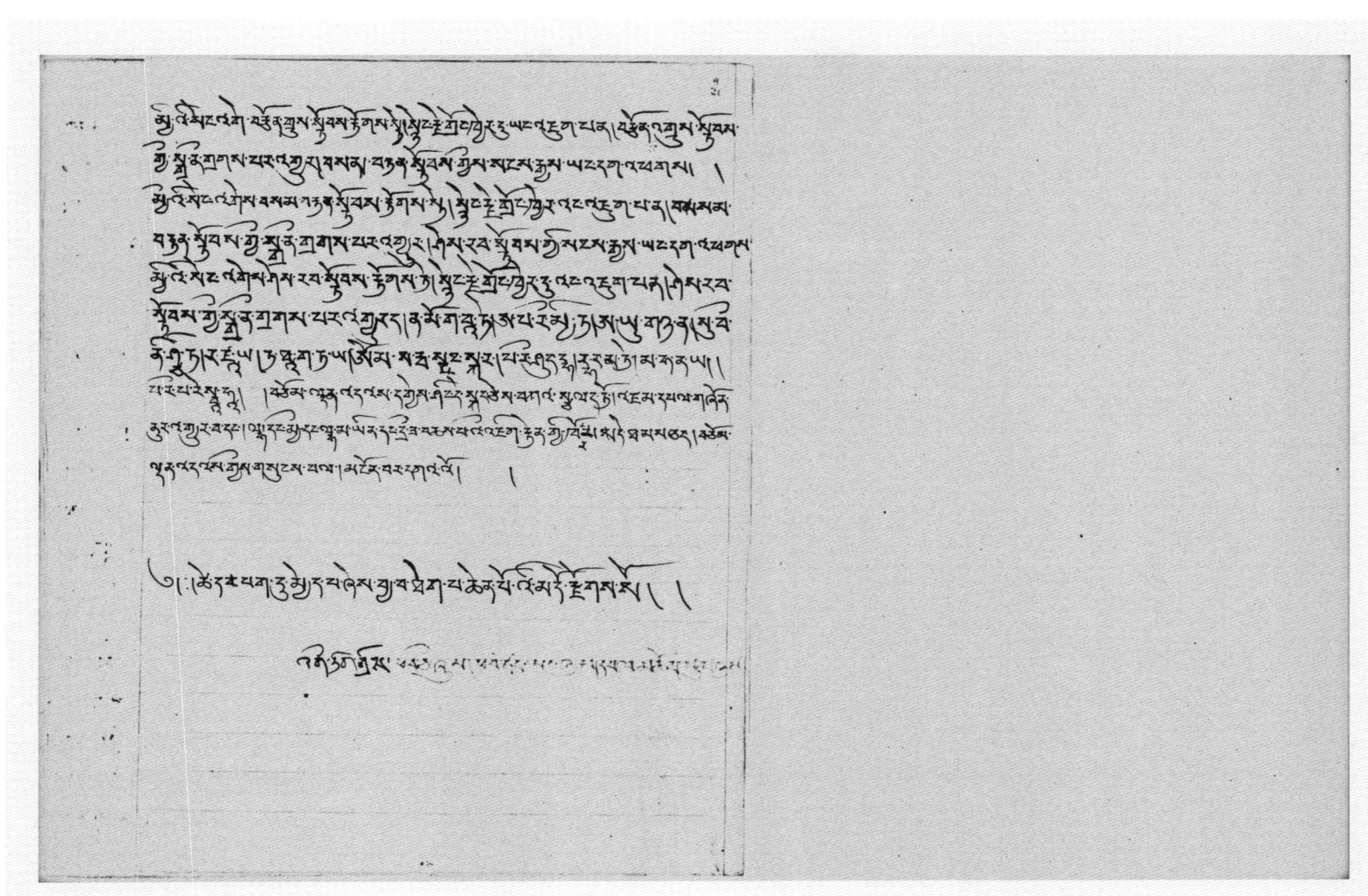

英 IOL.Tib.J.VOL.118　60.ཚེ་དཔག་དུ་མྱེད་པ་ཞེས་བྱ་བ་ཐེག་པ་ཆེན་པོའི་མདོ་ན།　　61.བྲིས་ཞུས་བྱང་།

60.大乘無量壽宗要經　　61.抄寫校對題記　　　(133–107)

英 IOL.Tib.J.VOL.118　62.ཚེ་དཔག་དུ་མྱེད་པ་ཞེས་བྱ་བ་ཐེག་པ་ཆེན་པོའི་མདོ།

62.大乘無量壽宗要經　　　(133–108)

155

英 IOL.Tib.J.VOL.118　62.ཚེ་དཔག་དུ་མྱེད་པ་ཞེས་བྱ་བ་ཐེག་པ་ཆེན་པོའི་མདོ།
62.大乘無量壽宗要經　　(133–109)

英 IOL.Tib.J.VOL.118　62.ཚེ་དཔག་དུ་མྱེད་པ་ཞེས་བྱ་བ་ཐེག་པ་ཆེན་པོའི་མདོ།
62.大乘無量壽宗要經　　(133–110)

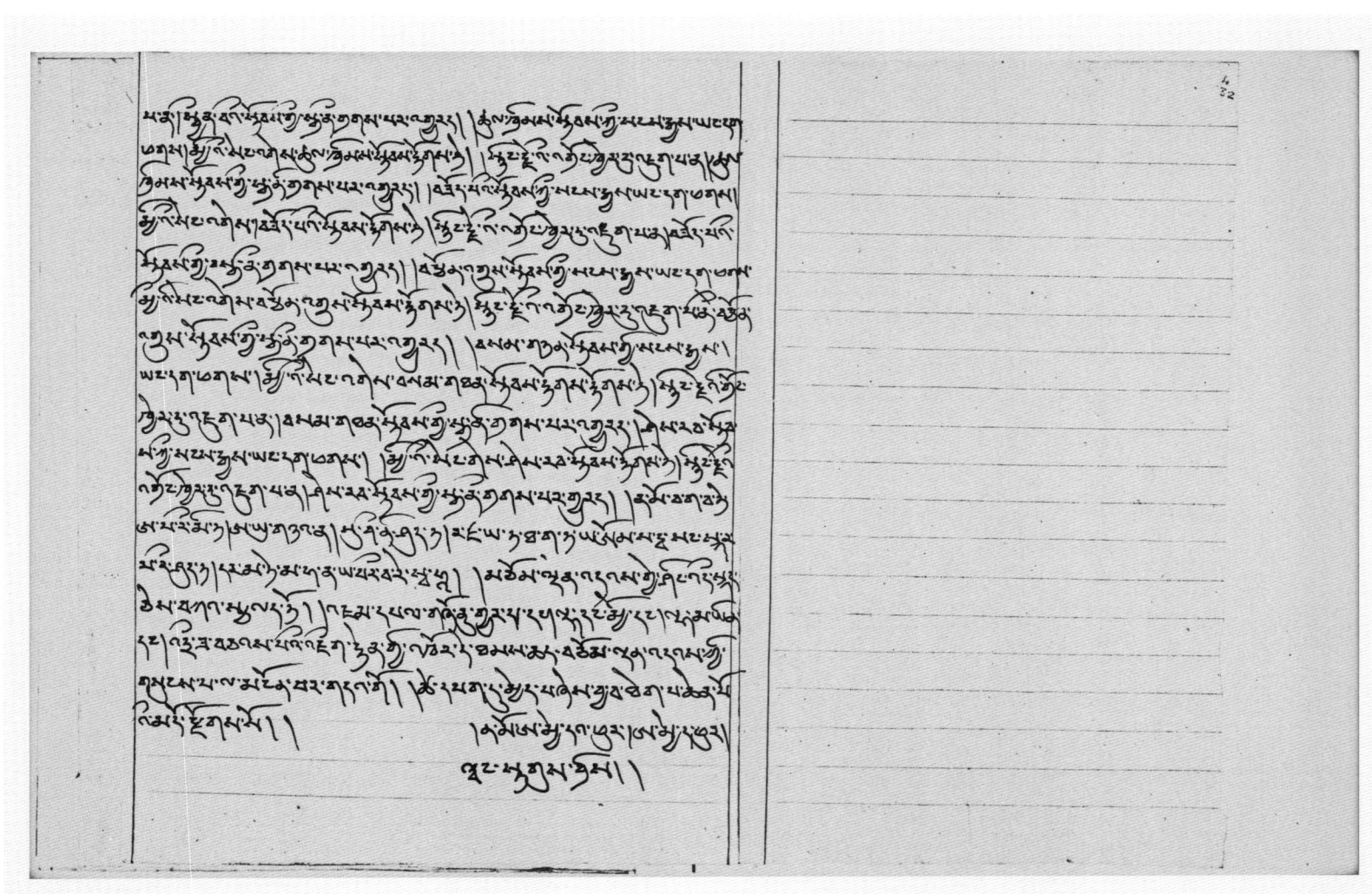

英 IOL.Tib.J.VOL.118　62.ཚེ་དཔག་དུ་མྱེད་པ་ཞེས་བྱ་བ་ཐེག་པ་ཆེན་པོའི་མདོ།　63.བྲིས་བྱང་།

62.大乘無量壽宗要經　　63.抄寫題記　　(133-111)

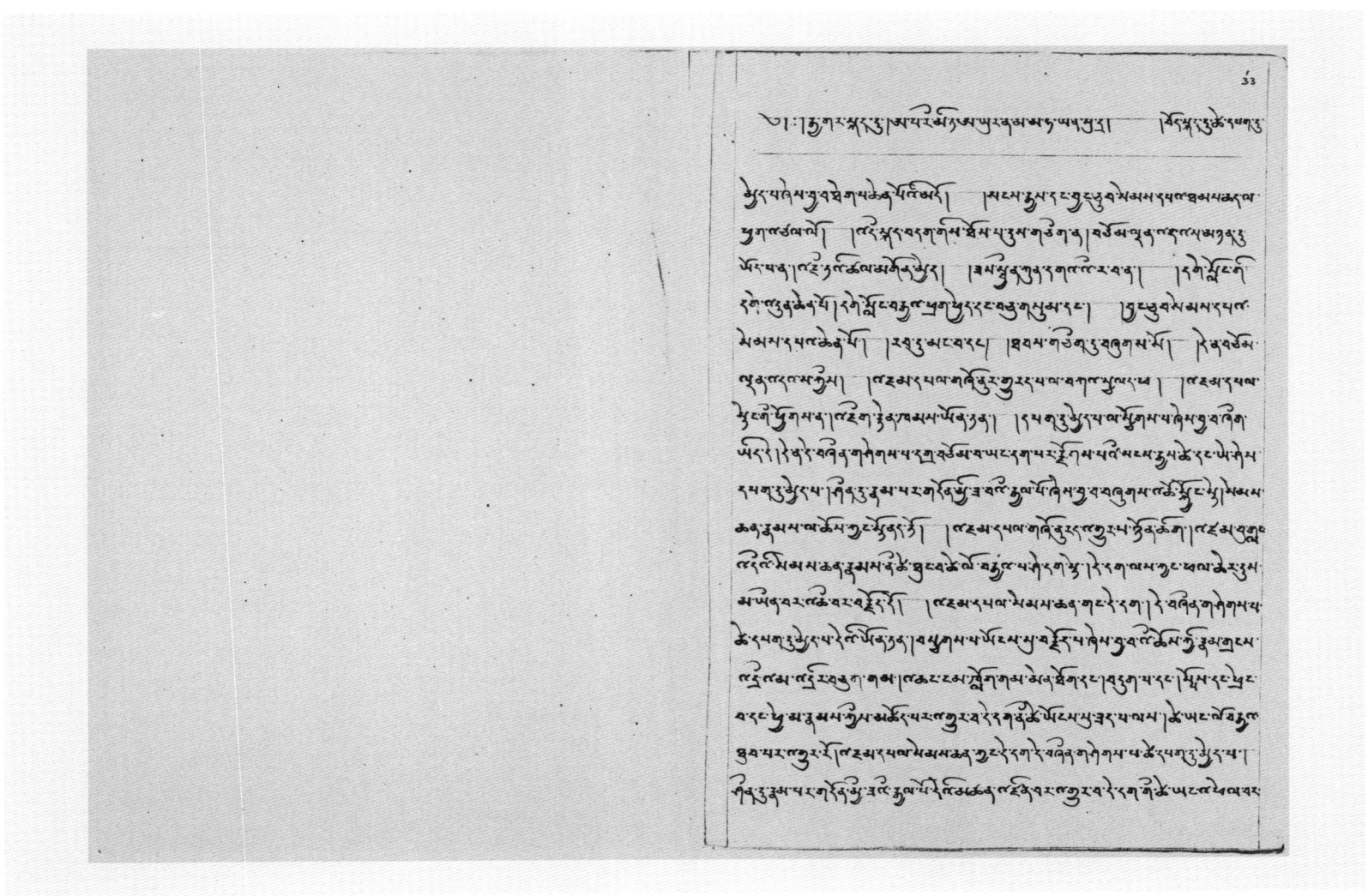

英 IOL.Tib.J.VOL.118　64.ཚེ་དཔག་དུ་མྱེད་པ་ཞེས་བྱ་བ་ཐེག་པ་ཆེན་པོའི་མདོ།

64.大乘無量壽宗要經　　(133-112)

英 IOL.Tib.J.VOL.118　64.ཚེ་དཔག་དུ་མྱེད་པ་ཞེས་བྱ་བ་ཐེག་པ་ཆེན་པོའི་མདོ།

64.大乘無量壽宗要經　　(133-113)

英 IOL.Tib.J.VOL.118　64.ཚེ་དཔག་དུ་མྱེད་པ་ཞེས་བྱ་བ་ཐེག་པ་ཆེན་པོའི་མདོ།

64.大乘無量壽宗要經　　(133-114)

英 IOL.Tib.J.VOL.118　64.ཚེ་དཔག་དུ་མྱེད་པ་ཞེས་བྱ་བ་ཐེག་པ་ཆེན་པོའི་མདོ།　　65.བྲིས་བྱང་།
64.大乘無量壽宗要經　　65.抄寫題記　　(133–115)

英 IOL.Tib.J.VOL.118　66.ཚེ་དཔག་དུ་མྱེད་པ་ཞེས་བྱ་བ་ཐེག་པ་ཆེན་པོའི་མདོ།
66.大乘無量壽宗要經　　(133–116)

英 IOL.Tib.J.VOL.118　66.ཚེ་དཔག་དུ་མྱེད་པ་ཞེས་བྱ་བ་ཐེག་པ་ཆེན་པོའི་མདོ།

66.大乘無量壽宗要經　　　(133–117)

英 IOL.Tib.J.VOL.118　66.ཚེ་དཔག་དུ་མྱེད་པ་ཞེས་བྱ་བ་ཐེག་པ་ཆེན་པོའི་མདོ།

66.大乘無量壽宗要經　　　(133–118)

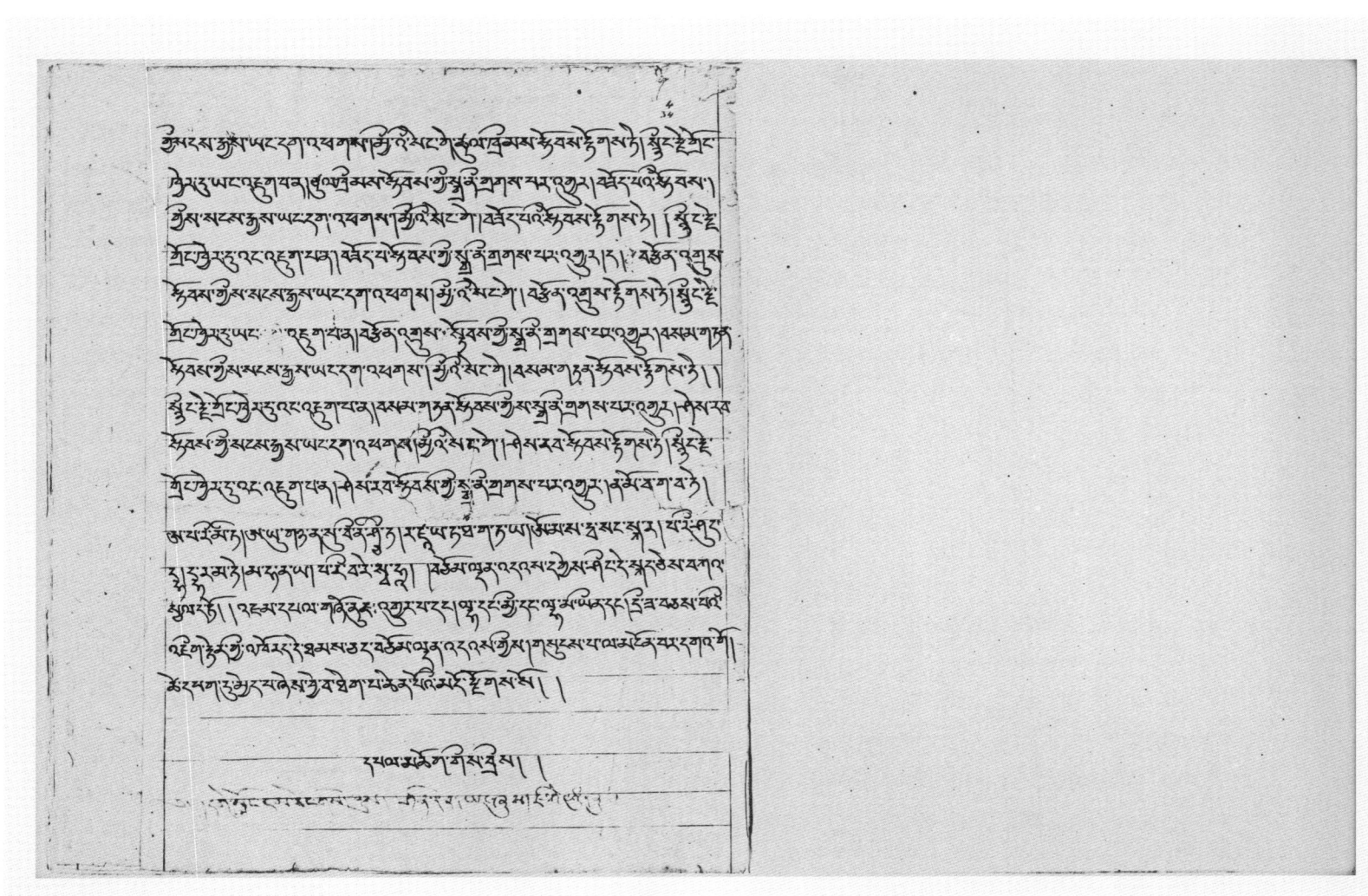

英 IOL.Tib.J.VOL.118　66.ཚེ་དཔག་དུ་མྱེད་པ་ཞེས་བྱ་བ་ཐེག་པ་ཆེན་པོའི་མདོ།　　67.བྲིས་ཞུས་བྱང་།

66.大乘無量壽宗要經　　67.抄寫校對題記　　(133–119)

英 IOL.Tib.J.VOL.118　68.ཚེ་དཔག་དུ་མྱེད་པ་ཞེས་བྱ་བ་ཐེག་པ་ཆེན་པོའི་མདོ།

68.大乘無量壽宗要經　　(133–120)

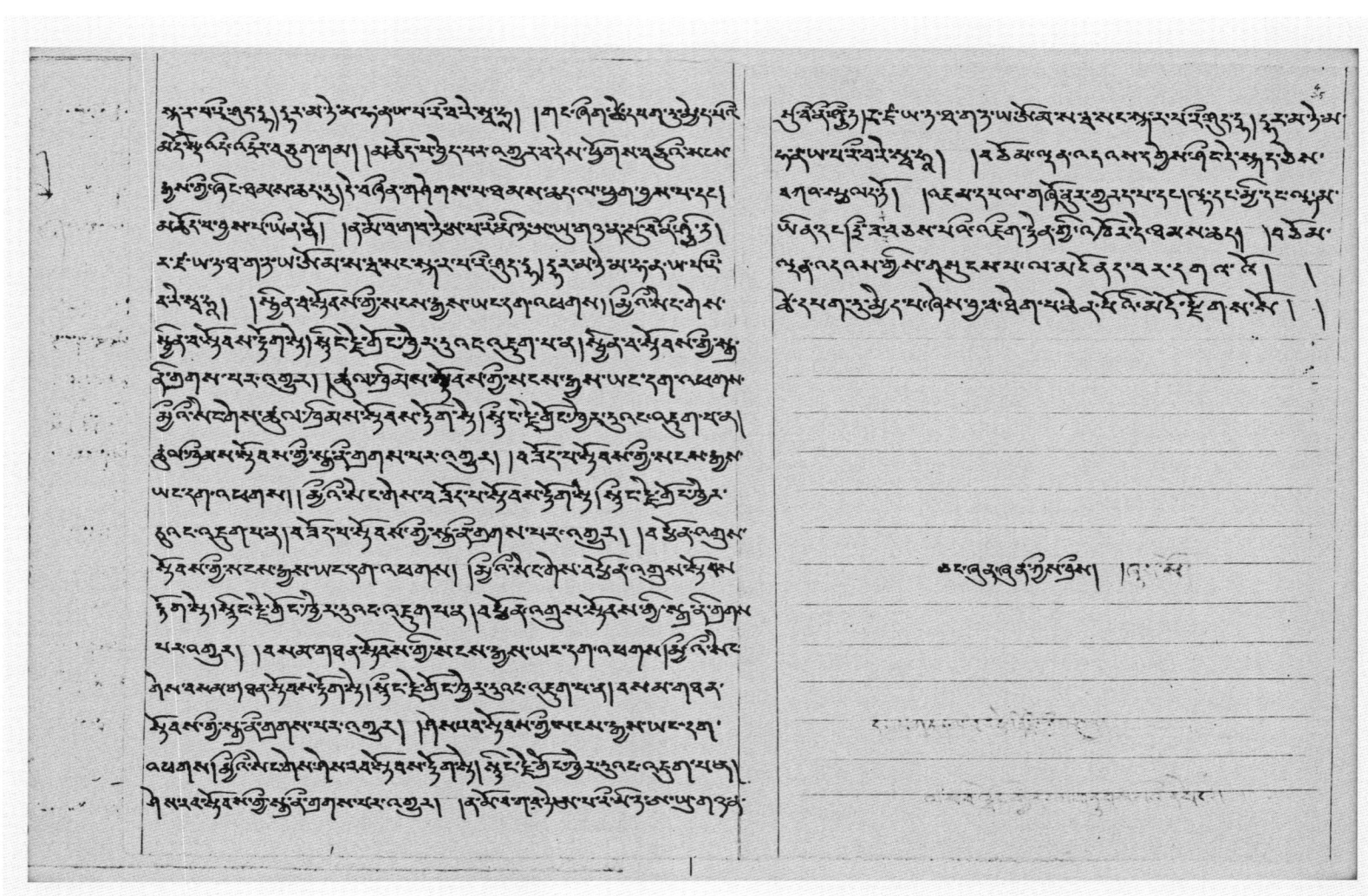

英 IOL.Tib.J.VOL.118　68.ཚེ་དཔག་ཏུ་མྱེད་པ་ཞེས་བྱ་བ་ཐེག་པ་ཆེན་པོའི་མདོ།　69.བྲིས་ཞུས་བྱང་།

68.大乘無量壽宗要經　　69.抄寫校對題記　　(133–123)

英 IOL.Tib.J.VOL.118　70.ཚེ་དཔག་ཏུ་མྱེད་པའ་ཞེས་བྱ་བ་ཐེག་པ་ཆེན་པོའི་མདོ།

70.大乘無量壽宗要經　　(133–124)

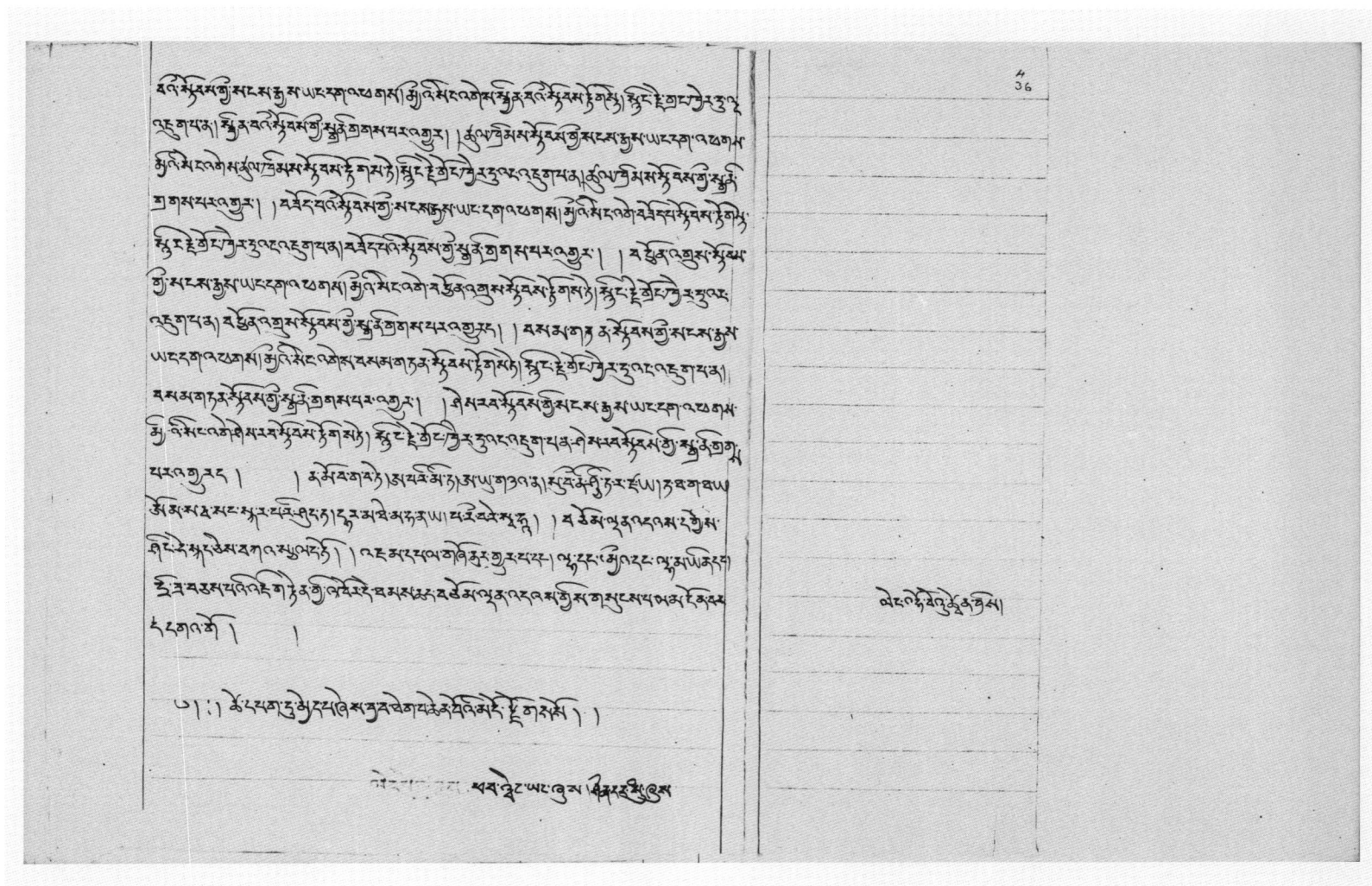

英 IOL.Tib.J.VOL.118　70.ཚེ་དཔག་དུ་མྱེད་པའ་ཞེས་བྱ་བ་ཐེག་པ་ཆེན་པོའི་མདོ།　71.བྲིས་ཞུས་བྱུང་།

70.大乘無量壽宗要經　　71.抄寫校對題記　　　（133–127）

英 IOL.Tib.J.VOL.118　72.ཚེ་དཔག་དུ་མྱེད་པ་ཞེས་བྱ་བའ་ཐེག་པ་ཆེན་པོའི་མདོའ།

72.大乘無量壽宗要經　　　（133–128）

英 IOL.Tib.J.VOL.118　72.ཚེ་དཔག་དུ་མྱེད་པ་ཞེས་བྱ་བའ་ཐེག་པ་ཆེན་པོའི་མདོ་བ།
72.大乘無量壽宗要經　　　(133–129)

英 IOL.Tib.J.VOL.118　72.ཚེ་དཔག་དུ་མྱེད་པ་ཞེས་བྱ་བའ་ཐེག་པ་ཆེན་པོའི་མདོ་བ།　73.བྲིས་ཞུས་བྱད།
72.大乘無量壽宗要經　　73.抄寫校對題記　(133–130)

英 IOL.Tib.J.VOL.118　74.ཚེ་དཔག་དུ་མྱེད་པ་ཞེས་བྱ་བ་བའ་གཟིགས་པ་ཆེན་པོའི་མདོ།
74.大乘無量壽宗要經　　　(133–131)

英 IOL.Tib.J.VOL.118　74.ཚེ་དཔག་དུ་མྱེད་པ་ཞེས་བྱ་བ་བའ་གཟིགས་པ་ཆེན་པོའི་མདོ།
74.大乘無量壽宗要經　　　(133–132)

英 IOL.Tib.J.VOL.118　74.ཚེ་དཔག་དུ་མྱེད་པ་ཞེས་བྱ་བའི་ཐེག་པ་ཆེན་པོའི་མདོ།　　75.བྲིས་བྱང་།

74.大乘無量壽宗要經　　75.抄寫題記　　　（133-133）

英 IOL.Tib.J.VOL.119　1.ཚེ་དཔག་དུ་མྱེད་པ་ཞེས་བྱ་བ་ཐེག་པ་ཆེན་པོའི་མདོ།

1.大乘無量壽宗要經　　（237-1）

英 IOL.Tib.J.VOL.119　1.ཚེ་དཔག་ཏུ་མྱེད་པ་ཞེས་བྱ་བ་ཐེག་པ་ཆེན་པོའི་མདོ།
1.大乘無量壽宗要經　　(237-2)

英 IOL.Tib.J.VOL.119　1.ཚེ་དཔག་ཏུ་མྱེད་པ་ཞེས་བྱ་བ་ཐེག་པ་ཆེན་པོའི་མདོ།　2.བྲིས་བྱང་།
1.大乘無量壽宗要經　　2.抄寫題記　　(237-3)

英 IOL.Tib.J.VOL.119　3.ཚེ་དཔག་དུ་མྱེད་པ་ཞེས་བྱ་བའ་ཐེག་པ་ཆེན་པོའི་མདོ།
3.大乘無量壽宗要經　　　(237–4)

英 IOL.Tib.J.VOL.119　3.ཚེ་དཔག་དུ་མྱེད་པ་ཞེས་བྱ་བའ་ཐེག་པ་ཆེན་པོའི་མདོ།
3.大乘無量壽宗要經　　　(237–5)

英 IOL.Tib.J.VOL.119　　3.ཚེ་དཔག་དུ་མྱེད་པ་ཞེས་བྱ་བའ་ཐེག་པ་ཆེན་པོའི་མདོ།　　4.བྲིས་བྱང་།

3.大乘無量壽宗要經　　　4.抄寫題記　　　(237-6)

英 IOL.Tib.J.VOL.119　　5.ཚེ་དཔག་དུ་མྱེད་པ་ཞེས་བྱ་བ་ཐེག་པ་ཆེན་པོའི་མདོ།

5.大乘無量壽宗要經　　　(237-7)

英 IOL.Tib.J.VOL.119　　5.ཚེ་དཔག་དུ་མྱེད་པ་ཞེས་བྱ་བ་ཐེག་པ་ཆེན་པོའི་མདོ།

5.大乘無量壽宗要經　　　　(237-8)

英 IOL.Tib.J.VOL.119　　5.ཚེ་དཔག་དུ་མྱེད་པ་ཞེས་བྱ་བ་ཐེག་པ་ཆེན་པོའི་མདོ།　　　6.བྲིས་བྱང་།

5.大乘無量壽宗要經　　　6.抄寫題記　　(237-9)

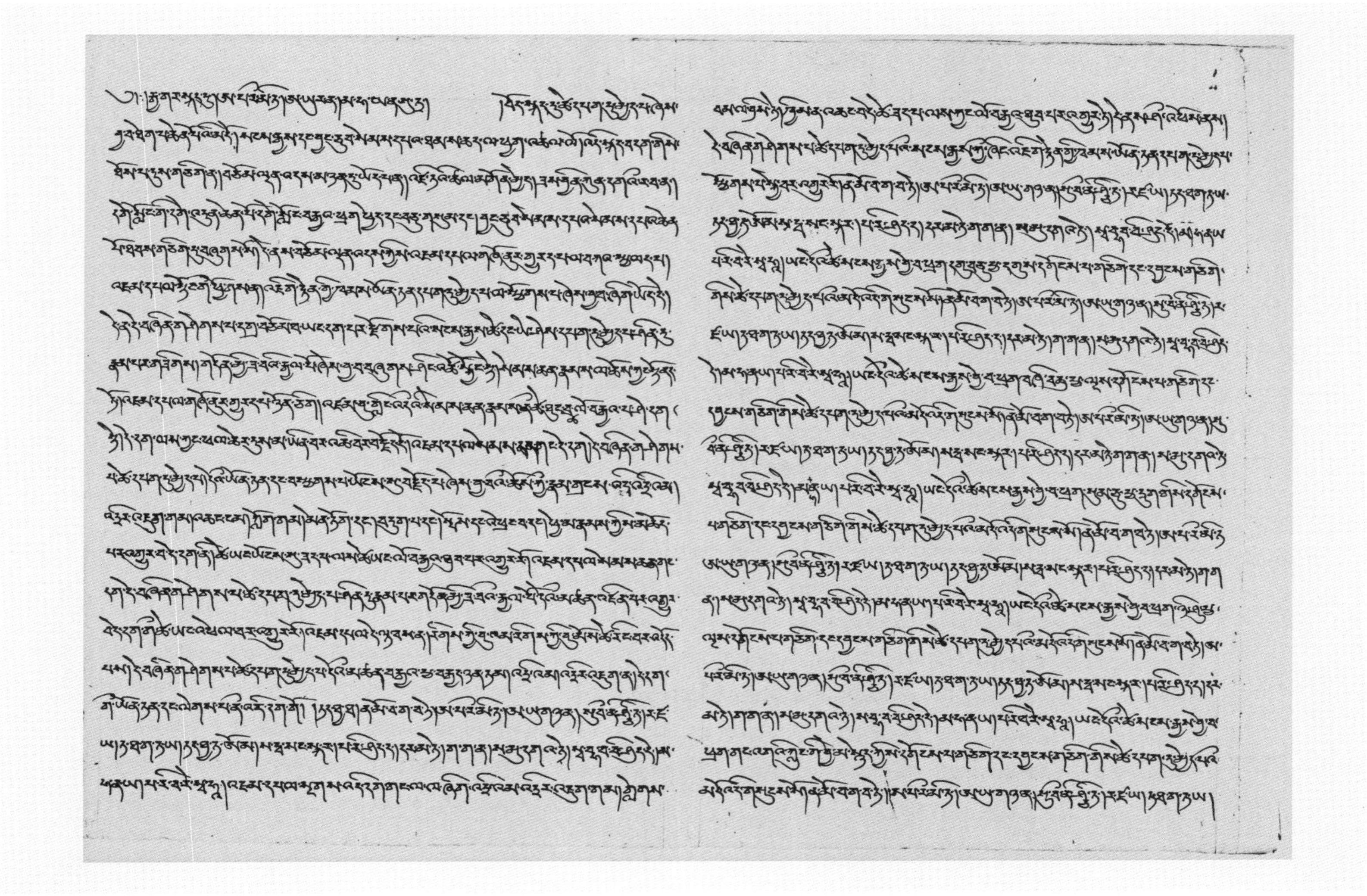

英 IOL.Tib.J.VOL.119　7.ཚེ་དཔག་ཏུ་མེད་པ་ཞེས་བྱ་བ་ཐེག་པ་ཆེན་པོའི་མདོ།
7.大乘無量壽宗要經　(237–10)

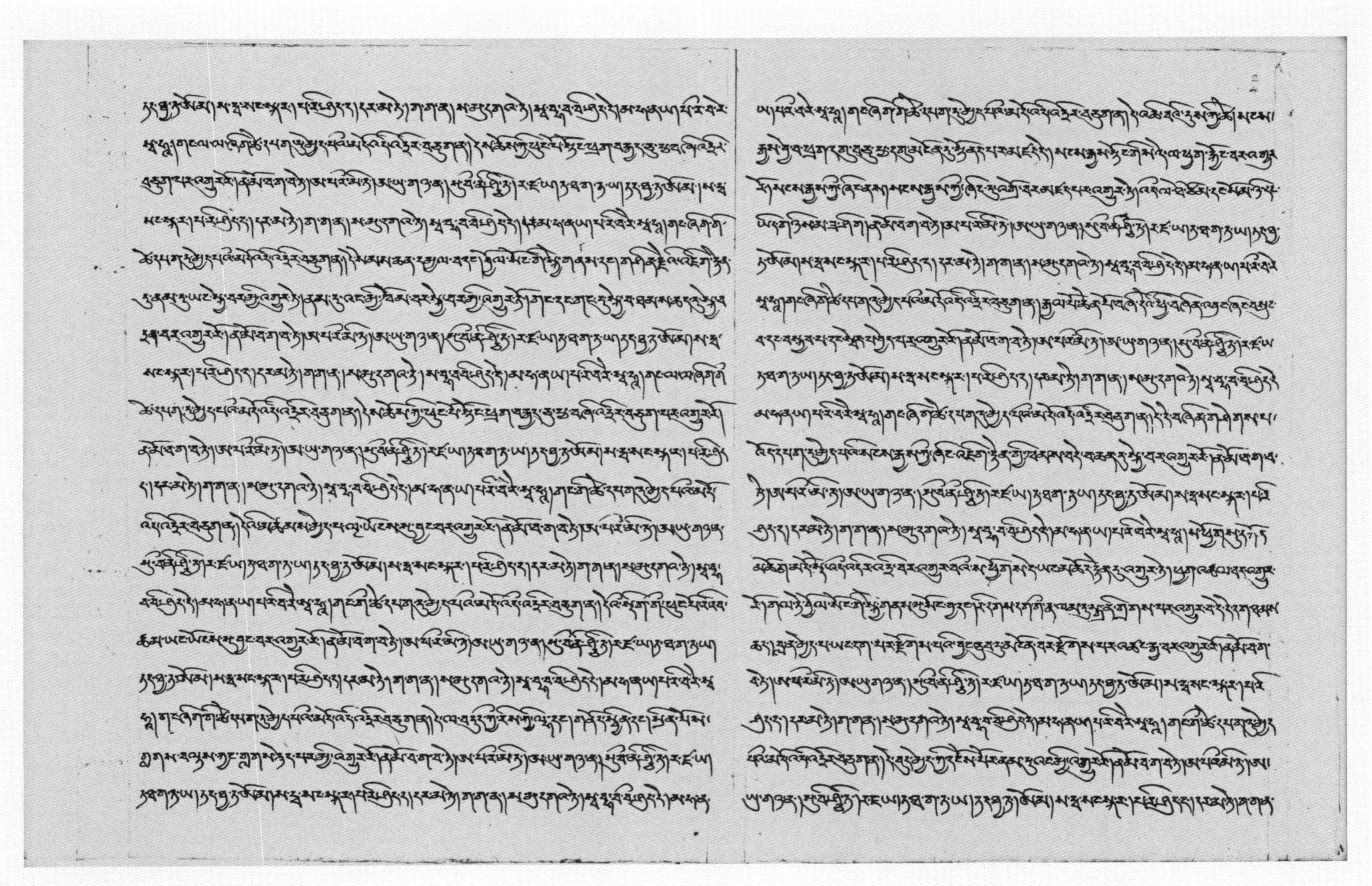

英 IOL.Tib.J.VOL.119　7.ཚེ་དཔག་ཏུ་མེད་པ་ཞེས་བྱ་བ་ཐེག་པ་ཆེན་པོའི་མདོ།
7.大乘無量壽宗要經　(237–11)

英 IOL.Tib.J.VOL.119　7.ཚེ་དཔག་དུ་མྱེད་པ་ཞེས་བྱ་བ་ཐེག་པ་ཆེན་པོའི་མདོ།　　8.བྲིས་བྱང་།

7.大乘無量壽宗要經　　8.抄寫題記　　(237-12)

英 IOL.Tib.J.VOL.119　9.ཚེ་དཔག་དུ་མྱེད་པ་ཞེས་བྱ་བ་ཐེག་པ་ཆེན་པོའི་མདོ།

9.大乘無量壽宗要經　　(237-13)

英 IOL.Tib.J.VOL.119　　9.ཚེ་དཔག་དུ་མྱེད་པ་ཞེས་བྱ་བ་ཐེག་པ་ཆེན་པོའི་མདོ།

9.大乘無量壽宗要經　　　　(237-14)

英 IOL.Tib.J.VOL.119　　9.ཚེ་དཔག་དུ་མྱེད་པ་ཞེས་བྱ་བ་ཐེག་པ་ཆེན་པོའི་མདོ།　　　10.བྲིས་བྱང་།

9.大乘無量壽宗要經　　　10.抄寫題記　　(237-15)

英 IOL.Tib.J.VOL.119　11.ཚེ་དཔག་དུ་མྱེད་པ་ཞེས་བྱ་བ་ཐེག་པ་ཆེན་པོའི་མདོ།

11.大乘無量壽宗要經　　(237-16)

英 IOL.Tib.J.VOL.119　11.ཚེ་དཔག་དུ་མྱེད་པ་ཞེས་བྱ་བ་ཐེག་པ་ཆེན་པོའི་མདོ།

11.大乘無量壽宗要經　　(237-17)

英 IOL.Tib.J.VOL.119　11.ཚེ་དཔག་དུ་མྱེད་པ་ཞེས་བྱ་བ་ཐེག་པ་ཆེན་པོའི་མདོ།　　12.བྲིས་བྱང་།

11.大乘無量壽宗要經　　12.抄寫題記　　　(237-18)

英 IOL.Tib.J.VOL.119　13.ཚེ་དཔག་དུ་མྱེད་པ་ཞེས་བྱ་བ་ཐེག་པ་ཆེན་པོའི་མདོ།

13.大乘無量壽宗要經　　　(237-19)

英 IOL.Tib.J.VOL.119　13.ཚེ་དཔག་དུ་མྱེད་པ་ཞེས་བྱ་བ་ཐེག་པ་ཆེན་པོའི་མདོ༹།

13.大乘無量壽宗要經　　　(237-20)

英 IOL.Tib.J.VOL.119　13.ཚེ་དཔག་དུ་མྱེད་པ་ཞེས་བྱ་བ་ཐེག་པ་ཆེན་པོའི་མདོ༹།　　14.བྲིས་བྱང་།

13.大乘無量壽宗要經　　14.抄寫題記　(237-21)

英 IOL.Tib.J.VOL.119　15.ཚེ་དཔག་དུ་མྱེད་པ་ཞེས་བྱ་བ་ཐེག་པ་ཆེན་པོ་འི་མདོ།

15.大乘無量壽宗要經　　　(237–22)

英 IOL.Tib.J.VOL.119　15.ཚེ་དཔག་དུ་མྱེད་པ་ཞེས་བྱ་བ་ཐེག་པ་ཆེན་པོ་འི་མདོ།

15.大乘無量壽宗要經　　　(237–23)

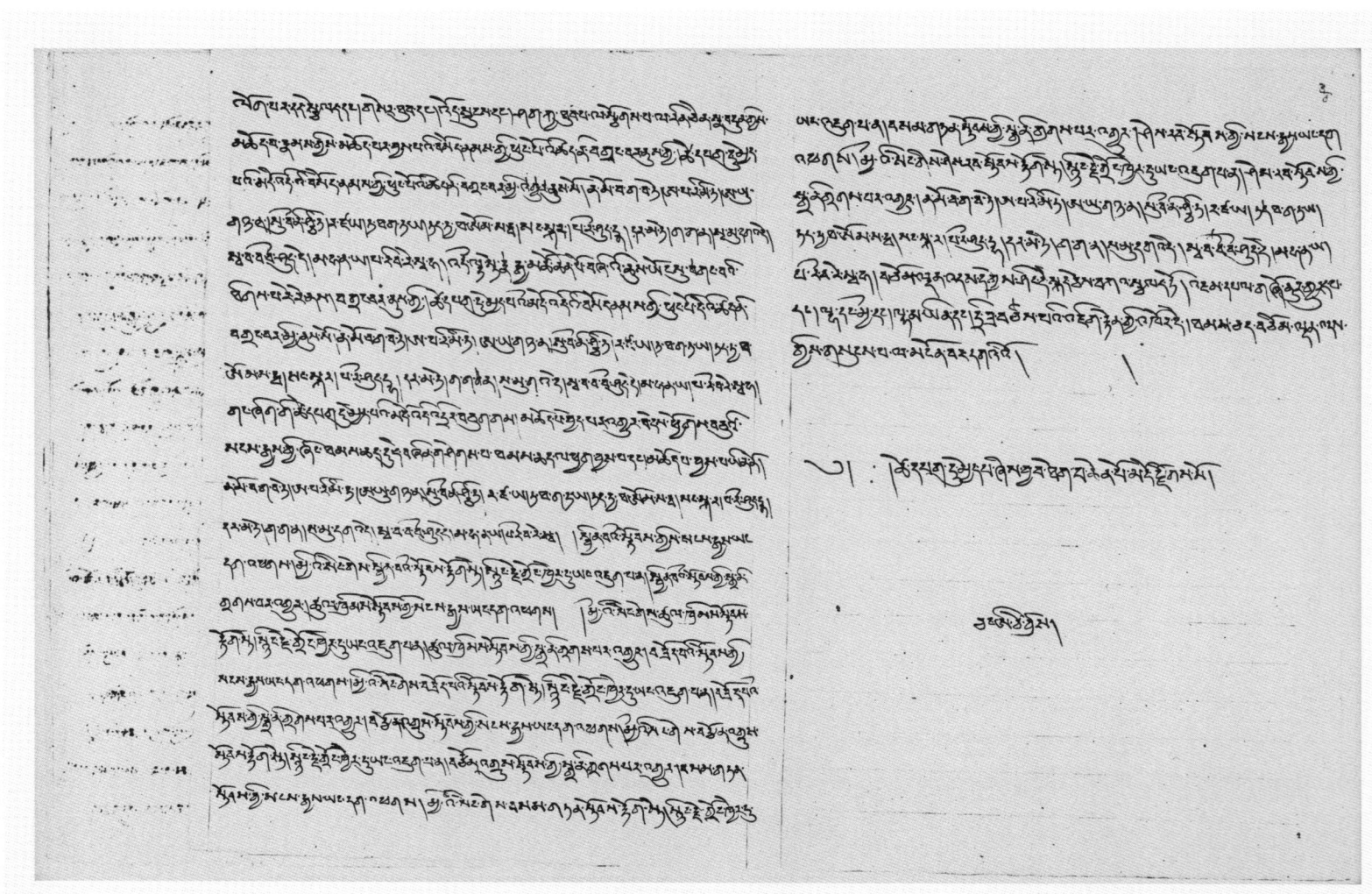

英 IOL.Tib.J.VOL.119　15.ཚེ་དཔག་དུ་མྱེད་པ་ཞེས་བྱ་བ་ཐེག་པ་ཆེན་པོའི་མདོ།　16.བྲིས་བྱང་།

15.大乘無量壽宗要經　　16.抄寫題記　　　(237–24)

英 IOL.Tib.J.VOL.119　17.ཚེ་དཔག་དུ་མྱེད་པ་ཞེས་བྱ་བ་ཐེག་པ་ཆེན་པོའི་མདོ།

17.大乘無量壽宗要經　　　(237–25)

英 IOL.Tib.J.VOL.119　17.ཚེ་དཔག་དུ་མྱེད་པ་ཞེས་བྱ་བ་ཐེག་པ་ཆེན་པོའི་མདོ།
17.大乘無量壽宗要經　　　　(237-26)

英 IOL.Tib.J.VOL.119　17.ཚེ་དཔག་དུ་མྱེད་པ་ཞེས་བྱ་བ་ཐེག་པ་ཆེན་པོའི་མདོ།　　18.བྲིས་བྱང་།
17.大乘無量壽宗要經　　　18.抄寫題記　　(237-27)

181

英 IOL.Tib.J.VOL.119　　19.ཚེ་དཔག་ཏུ་མྱེད་པ་ཞེས་བྱ་བ་ཐེག་པ་ཆེན་པོའི་མདོ།
19.大乘無量壽宗要經　　　(237–28)

英 IOL.Tib.J.VOL.119　　19.ཚེ་དཔག་ཏུ་མྱེད་པ་ཞེས་བྱ་བ་ཐེག་པ་ཆེན་པོའི་མདོ།
19.大乘無量壽宗要經　　　(237–29)

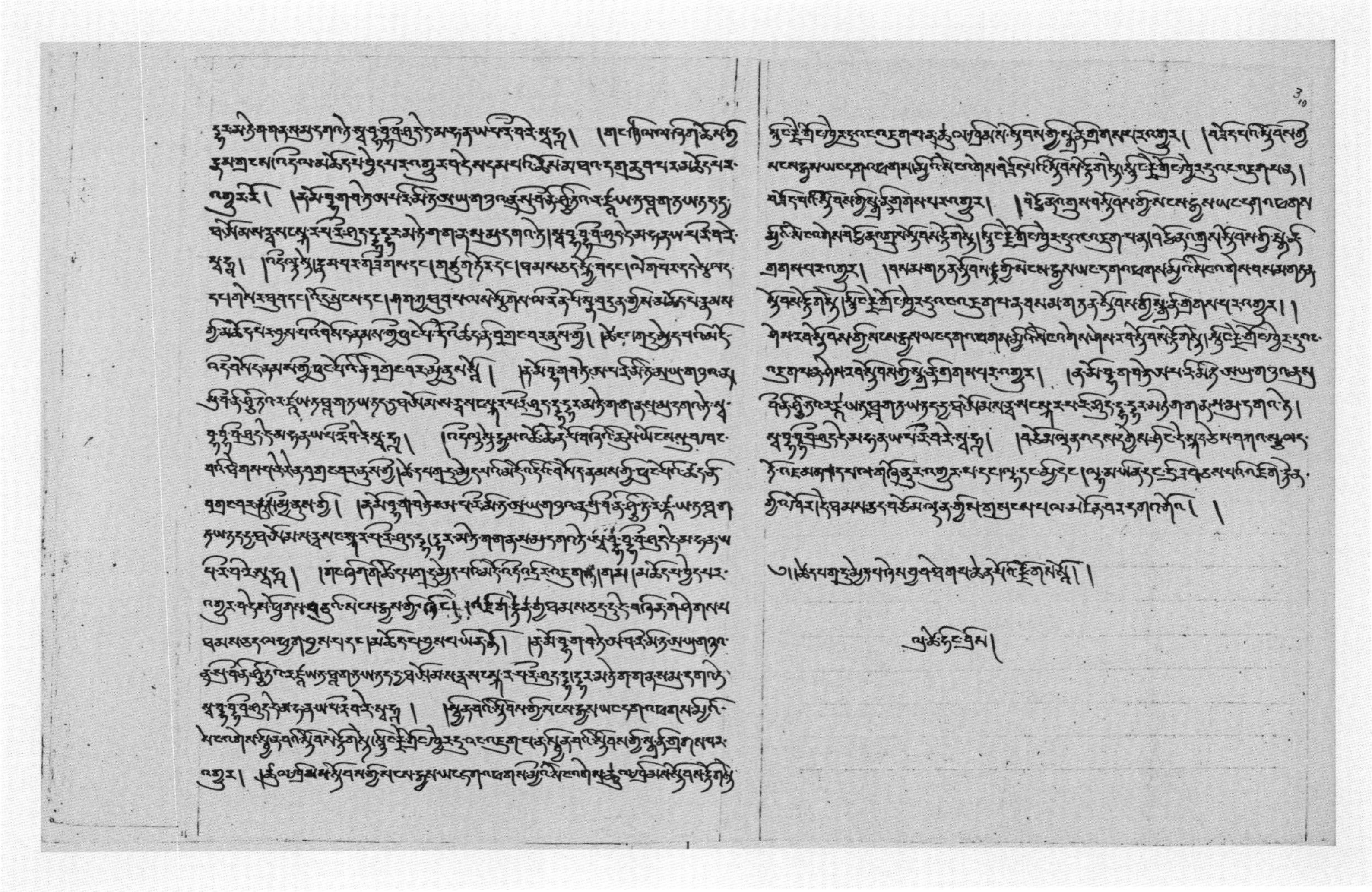

英 IOL.Tib.J.VOL.119　19.ཚེ་དཔག་ཏུ་མྱེད་པ་ཞེས་བྱ་བ་ཐེག་པ་ཆེན་པོའི་མདོ།　20.བྲིས་བྱང་།
19.大乘無量壽宗要經　20.抄寫題記　(237–30)

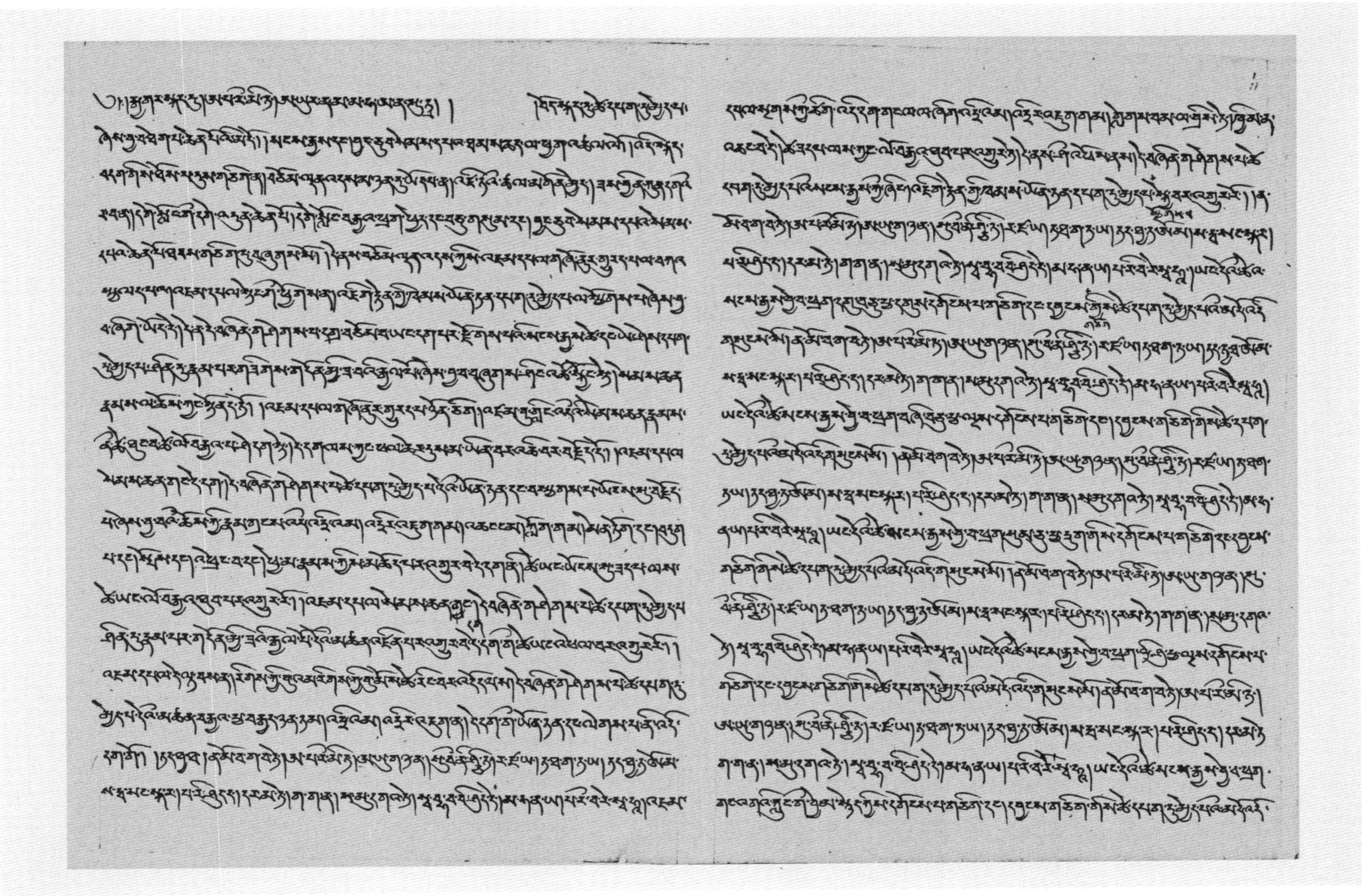

英 IOL.Tib.J.VOL.119　21.ཚེ་དཔག་ཏུ་མྱེད་པ་ཞེས་བྱ་བ་ཐེག་པ་ཆེན་པོའི་མདོ་།
21.大乘無量壽宗要經　(237–31)

英 IOL.Tib.J.VOL.119　21.ཚེ་དཔག་དུ་མྱེད་པ་ཞེས་བྱ་བ་ཐེག་པ་ཆེན་པོའི་མདོ།
21.大乘無量壽宗要經　　(237-32)

英 IOL.Tib.J.VOL.119　21.ཚེ་དཔག་དུ་མྱེད་པ་ཞེས་བྱ་བ་ཐེག་པ་ཆེན་པོའི་མདོ།　22.བྲིས་བྱང་།
21.大乘無量壽宗要經　　22.抄寫題記　　(237-33)

英 IOL.Tib.J.VOL.119　23.ཚེ་དཔག་དུ་མྱེད་པ་ཞེས་བྱ་བ་ཐེག་པ་ཆེན་པོའི་མདོ།
23.大乘無量壽宗要經　　(237-34)

英 IOL.Tib.J.VOL.119　23.ཚེ་དཔག་དུ་མྱེད་པ་ཞེས་བྱ་བ་ཐེག་པ་ཆེན་པོའི་མདོ།
23.大乘無量壽宗要經　　(237-35)

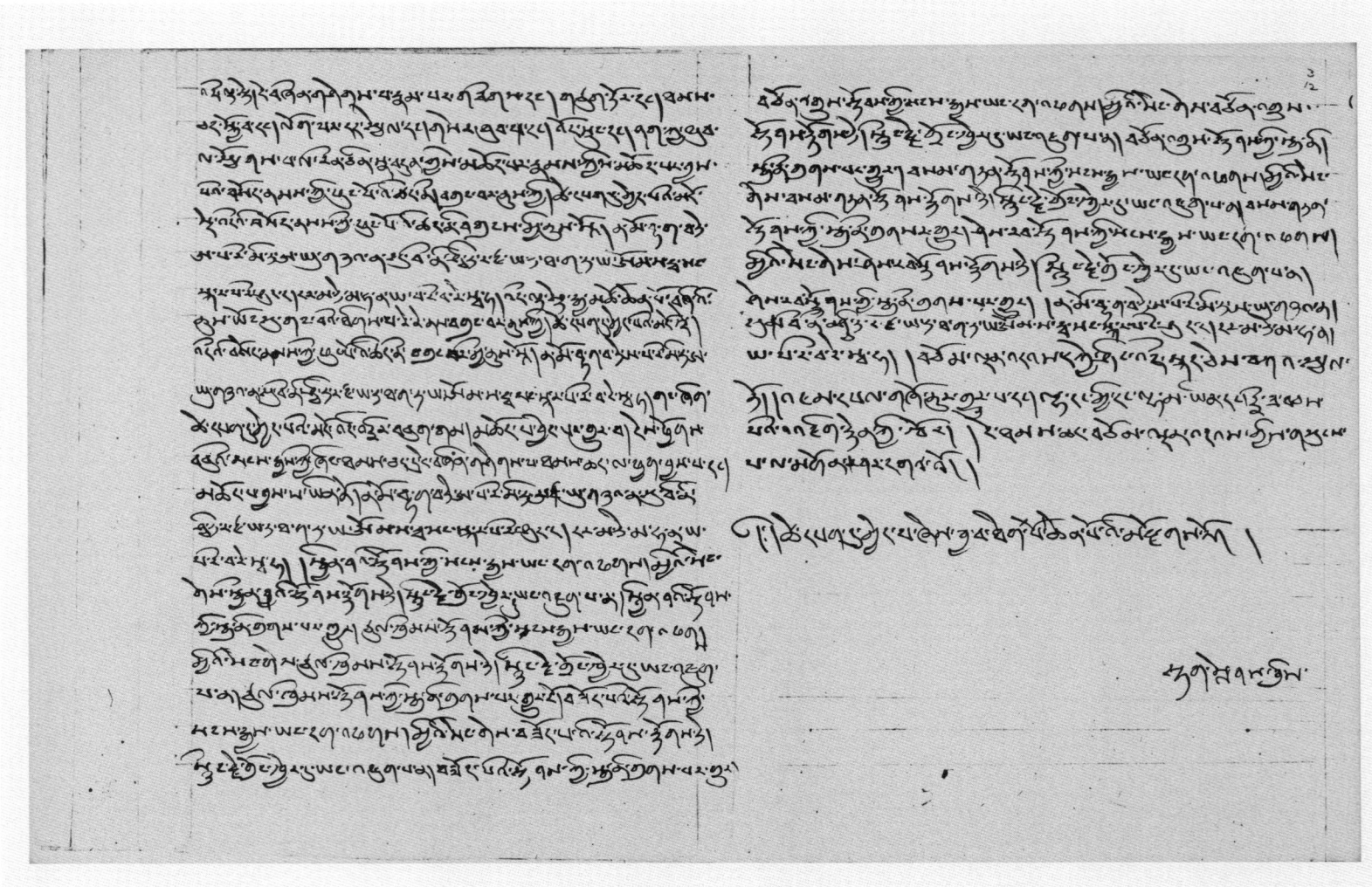

英 IOL.Tib.J.VOL.119　23.ཚེ་དཔག་ཏུ་མྱེད་པ་ཞེས་བྱ་བ་ཐེག་པ་ཆེན་པོའི་མདོ།　　24.བྲིས་བྱུང་།

23.大乘無量壽宗要經　　24.抄寫題記　　(237-36)

英 IOL.Tib.J.VOL.119　25.ཚེ་དཔག་ཏུ་མྱེད་པ་ཞེས་བྱ་བ་ཐེག་པ་ཆེན་པོའི་མདོ།

25.大乘無量壽宗要經　　(237-37)

英 IOL.Tib.J.VOL.119　25.ཚེ་དཔག་དུ་མྱེད་པ་ཞེས་བྱེ་བ་ཐེག་པ་ཆེན་པོའི་མདོ།

25.大乘無量壽宗要經　　　(237-38)

英 IOL.Tib.J.VOL.119　25.ཚེ་དཔག་དུ་མྱེད་པ་ཞེས་བྱེ་བ་ཐེག་པ་ཆེན་པོའི་མདོ།　　26.བྲིས་བྱང་།

25.大乘無量壽宗要經　　26.抄寫題記　　(237-39)

英 IOL.Tib.J.VOL.119　27.ཚེ་དཔག་དུ་མྱེད་པ་ཞེས་བྱ་བ་ཐེག་པ་ཆེན་པོའི་མདོས།

27.大乘無量壽宗要經　　(237-40)

英 IOL.Tib.J.VOL.119　27.ཚེ་དཔག་དུ་མྱེད་པ་ཞེས་བྱ་བ་ཐེག་པ་ཆེན་པོའི་མདོས།

27.大乘無量壽宗要經　　(237-41)

英 IOL.Tib.J.VOL.119　27.ཚེ་དཔག་ཏུ་མྱེད་པ་ཞེས་བྱ་བ་ཐེག་པ་ཆེན་པོའི་མདོས།　　28.བྲིས་བྱང་།

27.大乘無量壽宗要經　　28.抄寫題記　　(237-42)

英 IOL.Tib.J.VOL.119　29.ཚེ་དཔག་ཏུ་མྱེད་པ་ཞེས་བྱ་བ་ཐེག་པ་ཆེན་པོའི་མདོས།

29.大乘無量壽宗要經　　(237-43)

英 IOL.Tib.J.VOL.119　29.ཚེ་དཔག་དུ་མྱེད་པ་ཞེས་བྱ་བ་ཐེག་པ་ཆེན་པོའི་མདོ།

29.大乘無量壽宗要經　　　(237-44)

英 IOL.Tib.J.VOL.119　29.ཚེ་དཔག་དུ་མྱེད་པ་ཞེས་བྱ་བ་ཐེག་པ་ཆེན་པོའི་མདོ།　30.བྲིས་བྱང་།

29.大乘無量壽宗要經　　30.抄寫題記　　(237-45)

英 IOL.Tib.J.VOL.119　31.ཚེ་དཔག་ཏུ་མྱེད་པ་ཞེས་བྱ་བ་ཐེག་པ་ཆེན་པོའི་མདོ།
31.大乘無量壽宗要經　　　(237-46)

英 IOL.Tib.J.VOL.119　31.ཚེ་དཔག་ཏུ་མྱེད་པ་ཞེས་བྱ་བ་ཐེག་པ་ཆེན་པོའི་མདོ།
31.大乘無量壽宗要經　　　(237-47)

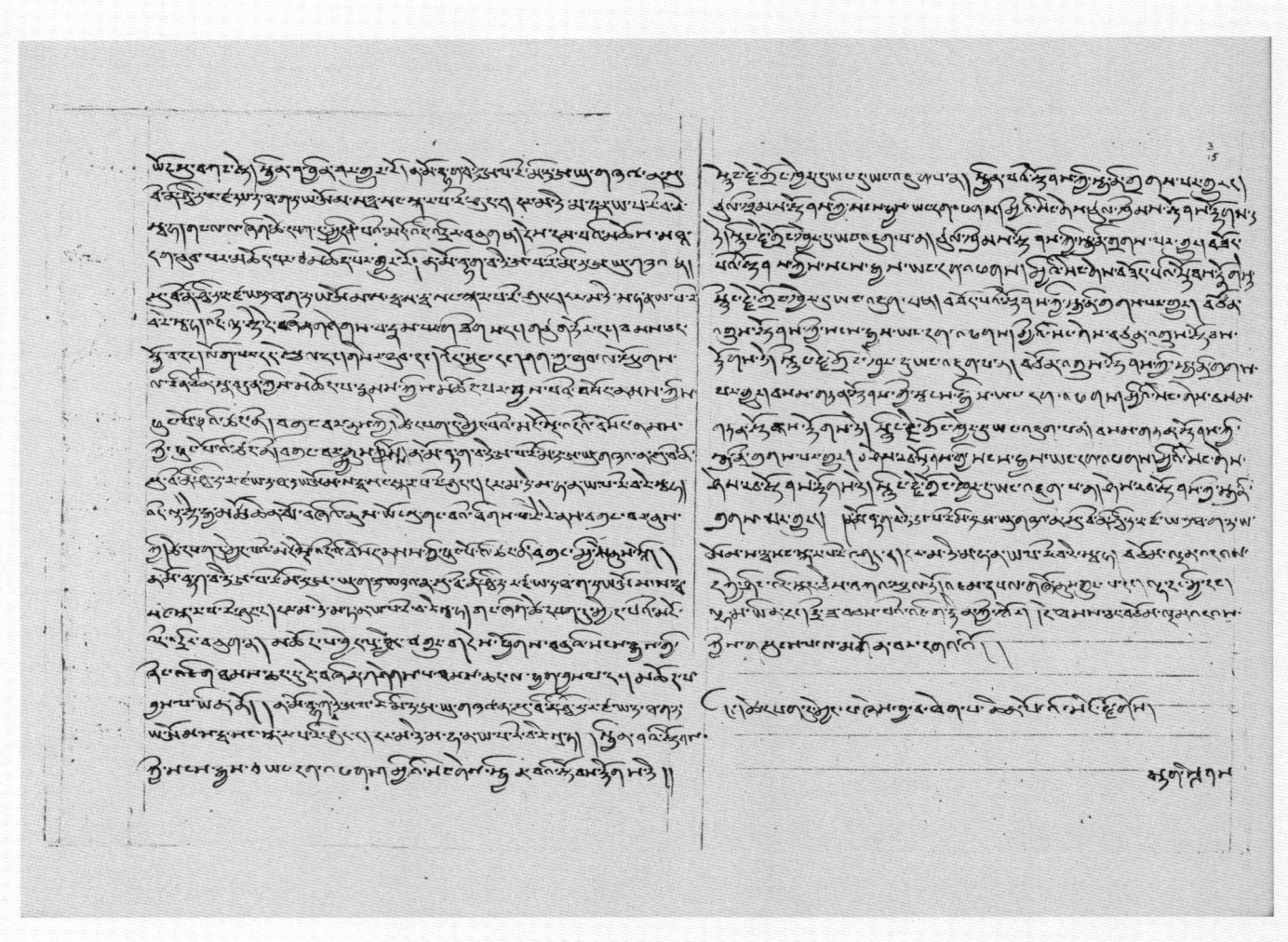

英 IOL.Tib.J.VOL.119　　31.ཚེ་དཔག་དུ་མྱེད་པ་ཞེས་བྱ་བ་ཐེག་པ་ཆེན་པོ་འི་མདོ།　　32.བྲིས་བྱུང་།

31.大乘無量壽宗要經　　32.抄寫題記　　(237–48)

英 IOL.Tib.J.VOL.119　　33.ཚེ་དཔག་དུ་མྱེད་པ་ཞེས་བྱེ་བ་ཐེག་པ་ཆེན་པའི་མདོ།

33.大乘無量壽宗要經　　(237–49)

英 IOL.Tib.J.VOL.119　33.ཚེ་དཔག་དུ་མྱེད་པ་ཞེས་བྱི་བ་ཐེག་པ་ཆེན་པའི་མདོ།

33.大乘無量壽宗要經　　　(237-50)

英 IOL.Tib.J.VOL.119　33.ཚེ་དཔག་དུ་མྱེད་པ་ཞེས་བྱི་བ་ཐེག་པ་ཆེན་པའི་མདོ།　　34.བྲིས་བྱང་།

33.大乘無量壽宗要經　　34.抄寫題記　　(237-51)

193

英 IOL.Tib.J.VOL.119　35.ཚེ་དཔག་ཏུ་མྱེད་པ་ཞེས་བྱ་བ་ཐེག་པ་ཆེན་པོའི་མདོ།
35.大乘無量壽宗要經　　(237–52)

英 IOL.Tib.J.VOL.119　35.ཚེ་དཔག་ཏུ་མྱེད་པ་ཞེས་བྱ་བ་ཐེག་པ་ཆེན་པོའི་མདོ།
35.大乘無量壽宗要經　　(237–53)

英 IOL.Tib.J.VOL.119　35.ཚེ་དཔག་དུ་མྱེད་པ་ཞེས་བྱ་བ་ཐེག་པ་ཆེན་པོའི་མདོ།　36.བྲིས་བྱང་།

35.大乘無量壽宗要經　　36.抄寫題記　　(237–54)

英 IOL.Tib.J.VOL.119　37.ཚེ་དཔག་དུ་མྱེད་པ་ཞེས་བྱ་བ་ཐེག་པ་ཆེན་པོའི་མདོ།

37.大乘無量壽宗要經　　(237–55)

英 IOL.Tib.J.VOL.119　37.ཚེ་དཔག་དུ་མྱེད་པ་ཞེས་བྱ་བ་ཐེག་པ་ཆེན་པོའི་མདོ།

37.大乘無量壽宗要經　　　(237–56)

英 IOL.Tib.J.VOL.119　37.ཚེ་དཔག་དུ་མྱེད་པ་ཞེས་བྱ་བ་ཐེག་པ་ཆེན་པོའི་མདོ།

37.大乘無量壽宗要經　　　(237–57)

英 IOL.Tib.J.VOL.119　38.ཚེ་དཔག་དུ་མྱེད་པའི་ཞེས་བྱ་བ་ཐེག་པ་ཆེན་པོའི་མདོ།

38.大乘無量壽宗要經　　　(237–58)

英 IOL.Tib.J.VOL.119　38.ཚེ་དཔག་དུ་མྱེད་པའི་ཞེས་བྱ་བ་ཐེག་པ་ཆེན་པོའི་མདོ།

38.大乘無量壽宗要經　　　(237–59)

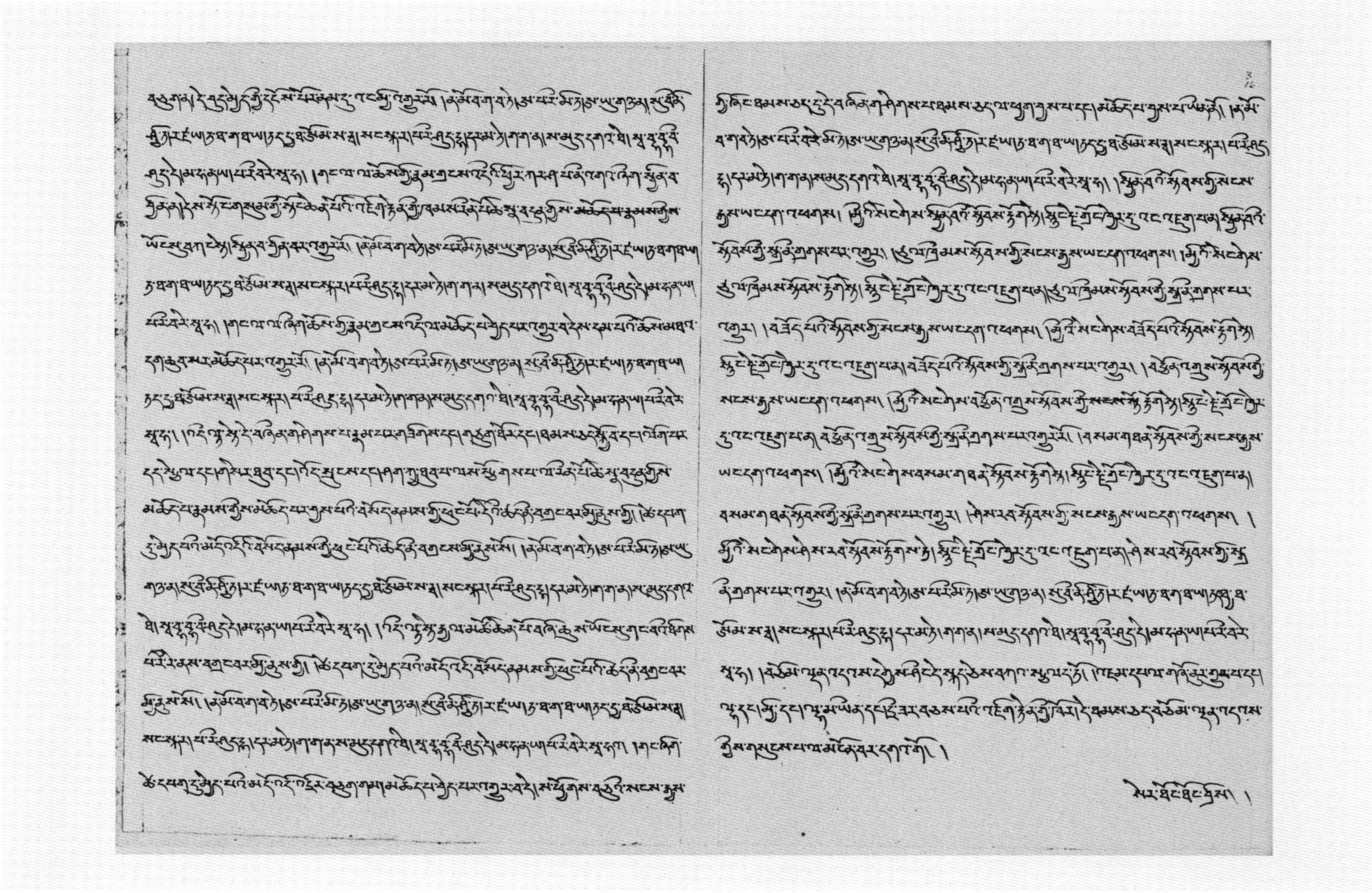

英 IOL.Tib.J.VOL.119　38.ཚེ་དཔག་དུ་མེད་པའི་ཞེས་བྱ་བ་ཐེག་པ་ཆེན་པོའི་མདོ།　39.བྲིས་བྱང་།
38.大乘無量壽宗要經　39.抄寫題記　(237–60)

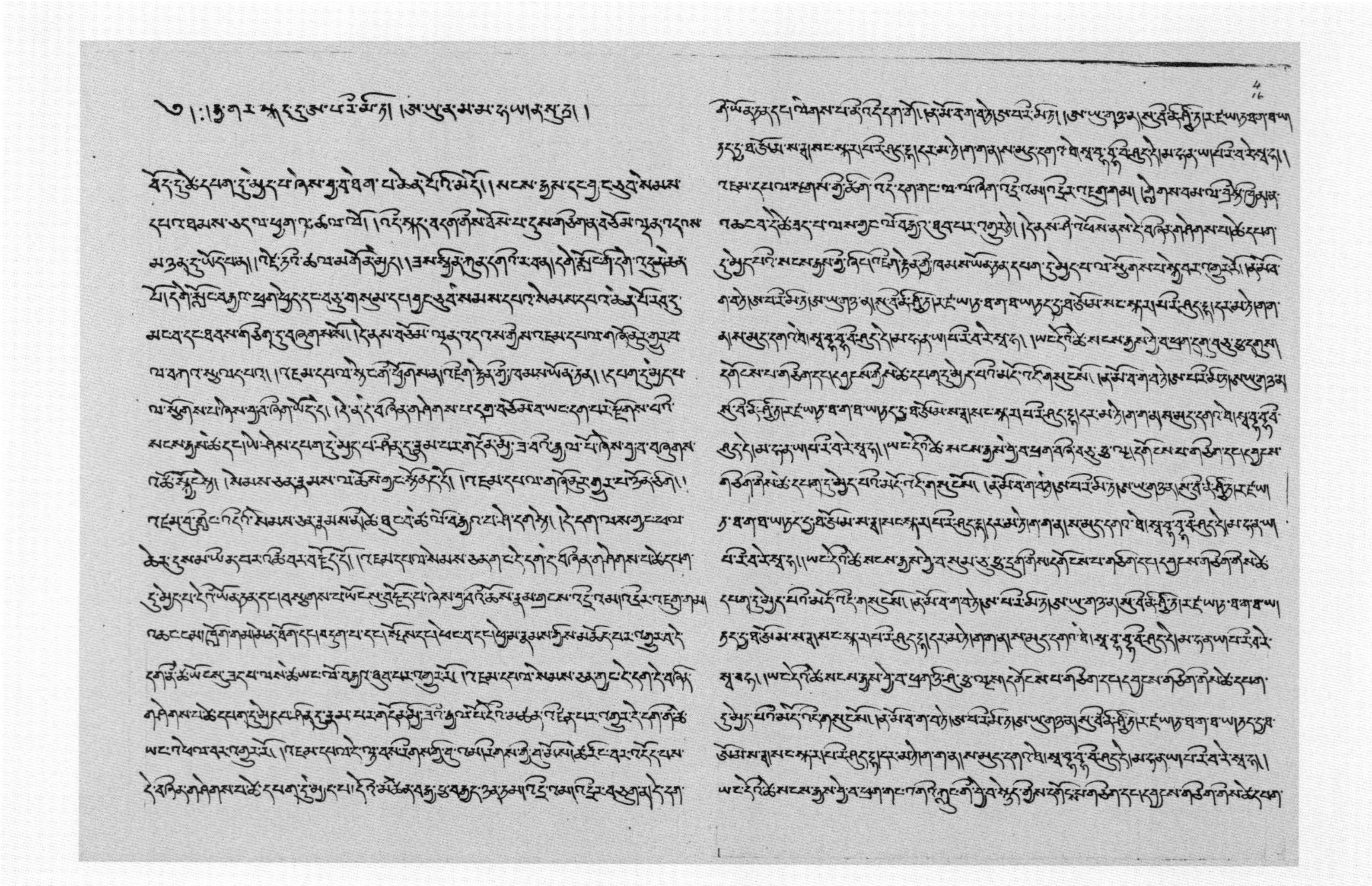

英 IOL.Tib.J.VOL.119　40.ཚེ་དཔག་དུ་མེད་པ་ཞེས་བྱ་བ་ཐེག་པ་ཆེན་པོའི་མདོ།
40.大乘無量壽宗要經　(237–61)

英 IOL.Tib.J.VOL.119　40.ཚེ་དཔག་དུ་མྱེད་པ་ཞེས་བྱ་བ་ཐེག་པ་ཆེན་པོའི་མདོ།
40.大乘無量壽宗要經　　　(237-62)

英 IOL.Tib.J.VOL.119　40.ཚེ་དཔག་དུ་མྱེད་པ་ཞེས་བྱ་བ་ཐེག་པ་ཆེན་པོའི་མདོ།　　41.བྲིས་བྱང་།
40.大乘無量壽宗要經　　41.抄寫題記　　(237-63)

英 IOL.Tib.J.VOL.119　42.ཚེ་དཔག་དུ་བྱེད་པ་ཞེས་བྱ་བ་ཐེག་པ་ཆེན་པོའི་མདོ།

42.大乘無量壽宗要經　　　(237-64)

英 IOL.Tib.J.VOL.119　42.ཚེ་དཔག་དུ་བྱེད་པ་ཞེས་བྱ་བ་ཐེག་པ་ཆེན་པོའི་མདོ།

42.大乘無量壽宗要經　　　(237-65)

英 IOL.Tib.J.VOL.119　42.ཚེ་དཔག་དུ་མྱེད་པ་ཞེས་བྱ་བ་ཐེག་པ་ཆེན་པོའི་མདོ།　43.བྲིས་བྱད།

42.大乘無量壽宗要經　　43.抄寫題記　　（237-66）

英 IOL.Tib.J.VOL.119　44.ཚེ་དཔག་དུ་མྱེད་པ་ཞེས་བྱ་བ་ཐེག་པ་ཆེན་པོའི་མདོ།

44.大乘無量壽宗要經　　　（237-67）

英 IOL.Tib.J.VOL.119　44.ཚེ་དཔག་དུ་མྱེད་པ་ཞེས་བྱ་བ་ཐེག་པ་ཆེན་པོའི་མདོ།

44.大乘無量壽宗要經　　　(237–68)

英 IOL.Tib.J.VOL.119　44.ཚེ་དཔག་དུ་མྱེད་པ་ཞེས་བྱ་བ་ཐེག་པ་ཆེན་པོའི་མདོ།　　　45.བྲིས་བྱང་།

44.大乘無量壽宗要經　　　45.抄寫題記　　　(237–69)

202

英 IOL.Tib.J.VOL.119　46.ཚེ་དཔག་ཏུ་མྱེད་པ་ཞེས་བྱ་བ་ཐེག་པ་ཆེན་པོ་འི་མདོ།
46.大乘無量壽宗要經　　(237–70)

英 IOL.Tib.J.VOL.119　46.ཚེ་དཔག་ཏུ་མྱེད་པ་ཞེས་བྱ་བ་ཐེག་པ་ཆེན་པོ་འི་མདོ།
46.大乘無量壽宗要經　　(237–71)

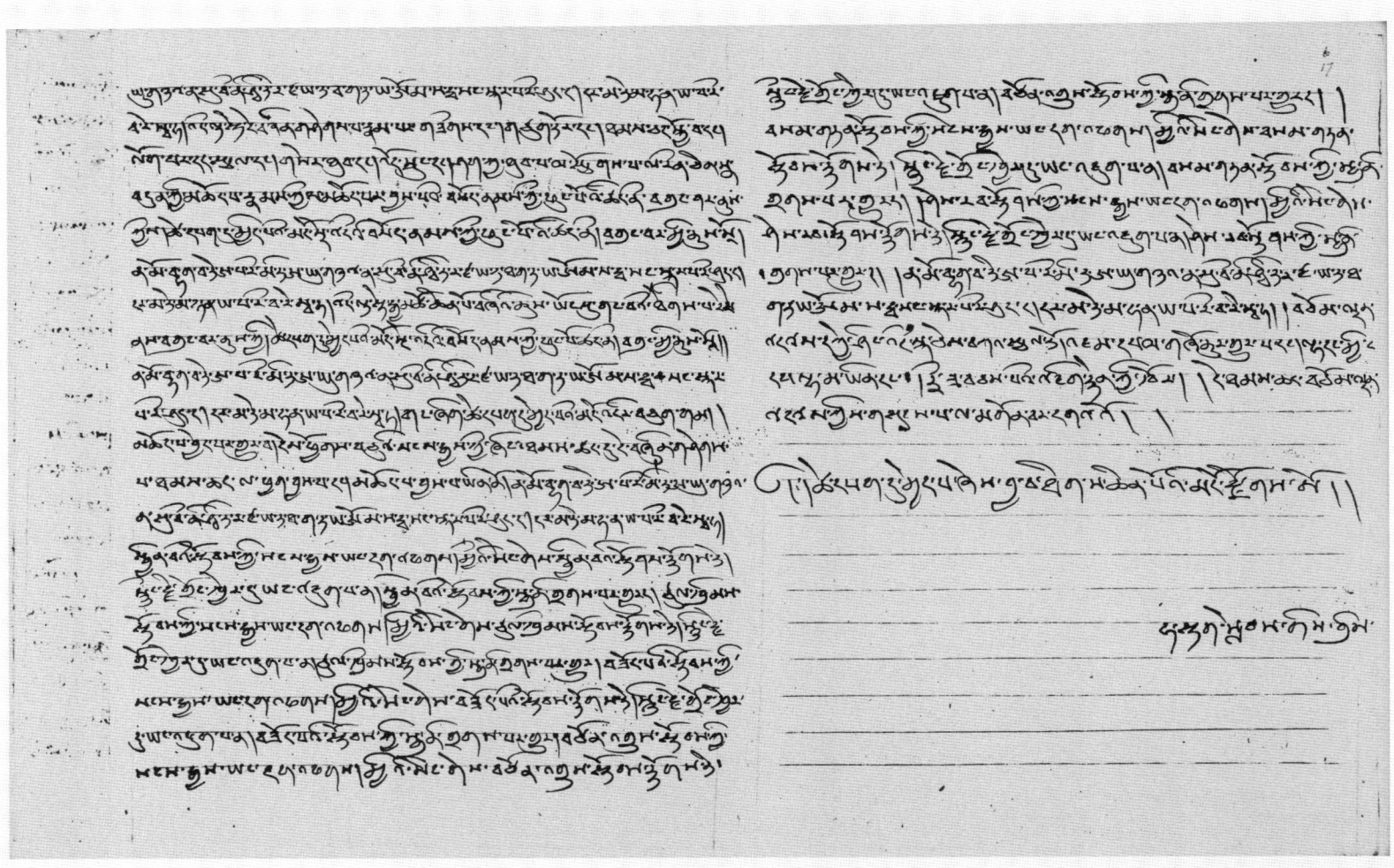

英 IOL.Tib.J.VOL.119　46.ཚེ་དཔག་དུ་མྱིད་པ་ཞེས་བྱ་བ་ཐེག་པ་ཆེན་པོའི་མདོ།　　47.བྲིས་བྱང་།
46.大乘無量壽宗要經　　47.抄寫題記　　(237-72)

英 IOL.Tib.J.VOL.119　48.ཚེ་དཔག་དུ་མྱིད་པ་ཞེས་བྱ་བ་ཐེག་པ་ཆེན་པོའི་མདོ།
48.大乘無量壽宗要經　　(237-73)

英 IOL.Tib.J.VOL.119　　48.ཚེ་དཔག་དུ་མྱེད་པ་ཞེས་བྱ་བ་ཐེག་པ་ཆེན་པོའི་མདོ།
　　　　　　　　　　　48.大乘無量壽宗要經　　　(237-74)

英 IOL.Tib.J.VOL.119　　48.ཚེ་དཔག་དུ་མྱེད་པ་ཞེས་བྱ་བ་ཐེག་པ་ཆེན་པོའི་མདོ།　　49.བྲིས་བྱང་།
　　　　　　　　　　　48.大乘無量壽宗要經　　49.抄寫題記　　(237-75)

英 IOL.Tib.J.VOL.119　　50.ཚེ་དཔག་དུ་མྱེད་པའ་ཞེས་བྱ་བ་ཐེག་པ་ཆེན་པོའི་མདོ།

50.大乘無量壽宗要經　　(237-76)

英 IOL.Tib.J.VOL.119　　50.ཚེ་དཔག་དུ་མྱེད་པའ་ཞེས་བྱ་བ་ཐེག་པ་ཆེན་པོའི་མདོ།

50.大乘無量壽宗要經　　(237-77)

英 IOL.Tib.J.VOL.119　50.ཚེ་དཔག་དུ་མྱེད་པའ་ཞེས་བྱ་བ་ཐེག་པ་ཆེན་པོའི་མདོ།　51.བྲིས་བྱང་།

50.大乘無量壽宗要經　　51.抄寫題記　　(237-78)

英 IOL.Tib.J.VOL.119　52.ཚེ་དཔག་དུ་མྱེད་པ་ཞེས་བྱ་བ་ཐེག་པ་ཆེན་པོའི་མདོ།

52.大乘無量壽宗要經　　(237-79)

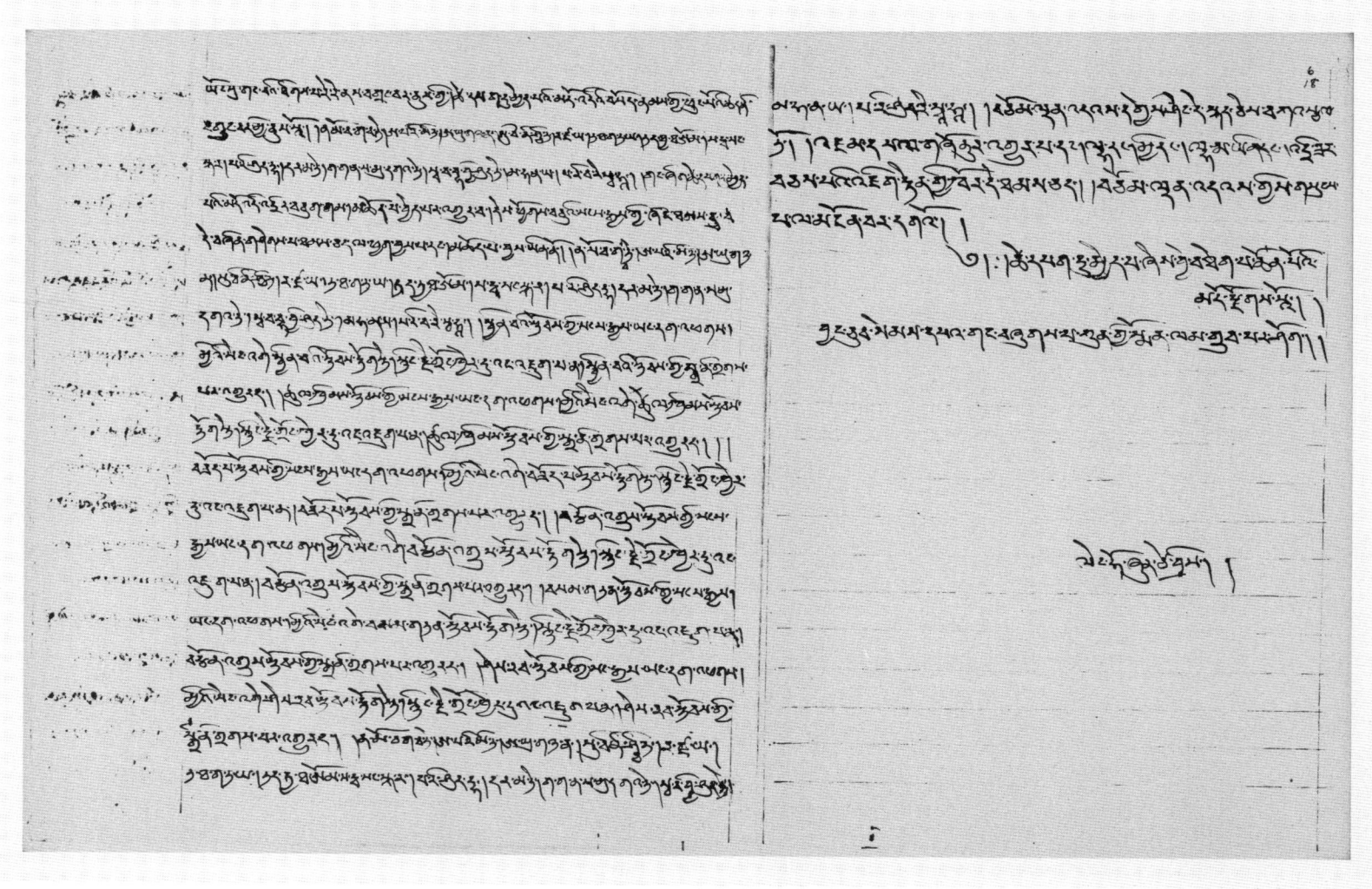

英 IOL.Tib.J.VOL.119　　52.ཚེ་དཔག་དུ་མྱེད་པ་ཞེས་བྱ་བ་ཐེག་པ་ཆེན་པོའི་མདོ།

52.大乘無量壽宗要經　　(237–80)

英 IOL.Tib.J.VOL.119　　52.ཚེ་དཔག་དུ་མྱེད་པ་ཞེས་བྱ་བ་ཐེག་པ་ཆེན་པོའི་མདོ།　　53.བྲིས་བྱང་།

52.大乘無量壽宗要經　　53.抄寫題記　　(237–81)

英 IOL.Tib.J.VOL.119　54.ཚེ་དཔག་དུ་མྱེད་པ་ཞེས་བྱེ་བ་ཐེག་པ་ཆེན་པོའི་མདོ།
54.大乘無量壽宗要經　　(237-82)

英 IOL.Tib.J.VOL.119　54.ཚེ་དཔག་དུ་མྱེད་པ་ཞེས་བྱེ་བ་ཐེག་པ་ཆེན་པོའི་མདོ།
54.大乘無量壽宗要經　　(237-83)

英 IOL.Tib.J.VOL.119　54.ཚེ་དཔག་དུ་མྱི་པ་ཞེས་བྱེ་བ་ཐེག་པ་ཆེན་པོའི་མདོ།　55.བྲིས་བྱང་།
54.大乘無量壽宗要經　　　55.抄寫題記　　(237–84)

英 IOL.Tib.J.VOL.119　56.ཚེ་དཔག་དུ་མྱེད་པ་ཞེས་བྱ་བ་ཐེག་པ་ཆེན་པོའི་མདོས།
56.大乘無量壽宗要經　　(237–85)

英 IOL.Tib.J.VOL.119　56.ཚེ་དཔག་དུ་མྱེད་པ་ཞེས་བྱ་བ་ཐེག་པ་ཆེན་པོའི་མདོས།

56.大乘無量壽宗要經　　　(237–86)

英 IOL.Tib.J.VOL.119　56.ཚེ་དཔག་དུ་མྱེད་པ་ཞེས་བྱ་བ་ཐེག་པ་ཆེན་པོའི་མདོས།　57.བྲིས་བྱང་།

56.大乘無量壽宗要經　　57.抄寫題記　　(237–87)

英 IOL.Tib.J.VOL.119　58.ཚེ་དཔག་དུ་མྱེད་པའི་མདོ་ཞེས་བྱ་བ་ཐེག་པ་ཆེན་པོའི་མདོ།
58.大乘無量壽宗要經　　　(237-88)

英 IOL.Tib.J.VOL.119　58.ཚེ་དཔག་དུ་མྱེད་པའི་མདོ་ཞེས་བྱ་བ་ཐེག་པ་ཆེན་པོའི་མདོ།
58.大乘無量壽宗要經　　　(237-89)

英 IOL.Tib.J.VOL.119　58.ཚེ་དཔག་དུ་མྱེད་པའི་མདོ་ཞེས་བྱ་བ་ཐེག་པ་ཆེན་པོའི་མདོ།　59.བྲིས་བྱང་།

58.大乘無量壽宗要經　　59.抄寫題記　　(237-90)

英 IOL.Tib.J.VOL.119　60.ཚེ་དཔག་དུ་མྱེད་པ་ཞེས་བྱ་བ་ཐེག་པ་ཆེན་པོའི་མདོ།

60.大乘無量壽宗要經　　(237-91)

英 IOL.Tib.J.VOL.119　60.ཚེ་དཔག་དུ་མྱེད་པ་ཞེས་བྱ་བ་ཐེག་པ་ཆེན་པོའི་མདོ།
60.大乘無量壽宗要經　　　　(237-92)

英 IOL.Tib.J.VOL.119　60.ཚེ་དཔག་དུ་མྱེད་པ་ཞེས་བྱ་བ་ཐེག་པ་ཆེན་པོའི་མདོ།　61.བྲིས་བྱང་།
60.大乘無量壽宗要經　　61.抄寫題記　　(237-93)

214

英 IOL.Tib.J.VOL.119　62.ཚེ་དཔག་དུ་མྱེད་པ་ཞེས་བྱ་བ་ཐེག་པ་ཆེན་པོའི་མདོ།

62.大乘無量壽宗要經　　　（237-94）

英 IOL.Tib.J.VOL.119　62.ཚེ་དཔག་དུ་མྱེད་པ་ཞེས་བྱ་བ་ཐེག་པ་ཆེན་པོའི་མདོ།

62.大乘無量壽宗要經　　　（237-95）

英 IOL.Tib.J.VOL.119　62.ཚེ་དཔག་དུ་མྱེད་པ་ཞེས་བྱ་བ་ཐེག་པ་ཆེན་པོའི་མདོ།　　63.བྲིས་བྱང་།

62.大乘無量壽宗要經　　63.抄寫題記　　(237-96)

英 IOL.Tib.J.VOL.119　64.ཚེ་དཔག་དུ་མྱེད་པ་ཞེས་བྱ་བ་ཐེག་པ་ཆེན་པོའི་མདོ།

64.大乘無量壽宗要經　　(237-97)

英 IOL.Tib.J.VOL.119　66.ཚེ་དཔག་དུ་མྱེད་པ་ཞེས་བྱ་བ་ཐེག་པ་ཆེན་པོའི་མདོ།
66.大乘無量壽宗要經　　(237-100)

英 IOL.Tib.J.VOL.119　66.ཚེ་དཔག་དུ་མྱེད་པ་ཞེས་བྱ་བ་ཐེག་པ་ཆེན་པོའི་མདོ།
66.大乘無量壽宗要經　　(237-101)

英 IOL.Tib.J.VOL.119　66.ཚེ་དཔག་དུ་མྱེད་པ་ཞེས་བྱ་བ་ཐེག་པ་ཆེན་པོའི་མདོ།　　67.བྲིས་བྱང་།

66.大乘無量壽宗要經　　67.抄寫題記　　(237–102)

英 IOL.Tib.J.VOL.119　68.ཚེ་དཔག་དུ་མྱེད་པ་ཞེས་བྱ་བ་ཐེག་པ་ཆེན་པོའི་མདོ།

68.大乘無量壽宗要經　　(237–103)

英 IOL.Tib.J.VOL.119　　68.ཚེ་དཔག་དུ་མྱེད་པ་ཞེས་བྱ་བ་ཐེག་པ་ཆེན་པོའི་མདོ།
68.大乘無量壽宗要經　　　(237–104)

英 IOL.Tib.J.VOL.119　　68.ཚེ་དཔག་དུ་མྱེད་པ་ཞེས་བྱ་བ་ཐེག་པ་ཆེན་པོའི་མདོ།　　69.བྲིས་བྱང་།
68.大乘無量壽宗要經　　　69.抄寫題記　　(237–105)

英 IOL.Tib.J.VOL.119　70.ཚེ་དཔག་དུ་མྱེད་པ་ཞེས་བྱ་བ་ཐེག་པ་ཆེན་པོའི་མདོ།

70.大乘無量壽宗要經　　(237-106)

英 IOL.Tib.J.VOL.119　70.ཚེ་དཔག་དུ་མྱེད་པ་ཞེས་བྱ་བ་ཐེག་པ་ཆེན་པོའི་མདོ།

70.大乘無量壽宗要經　　(237-107)

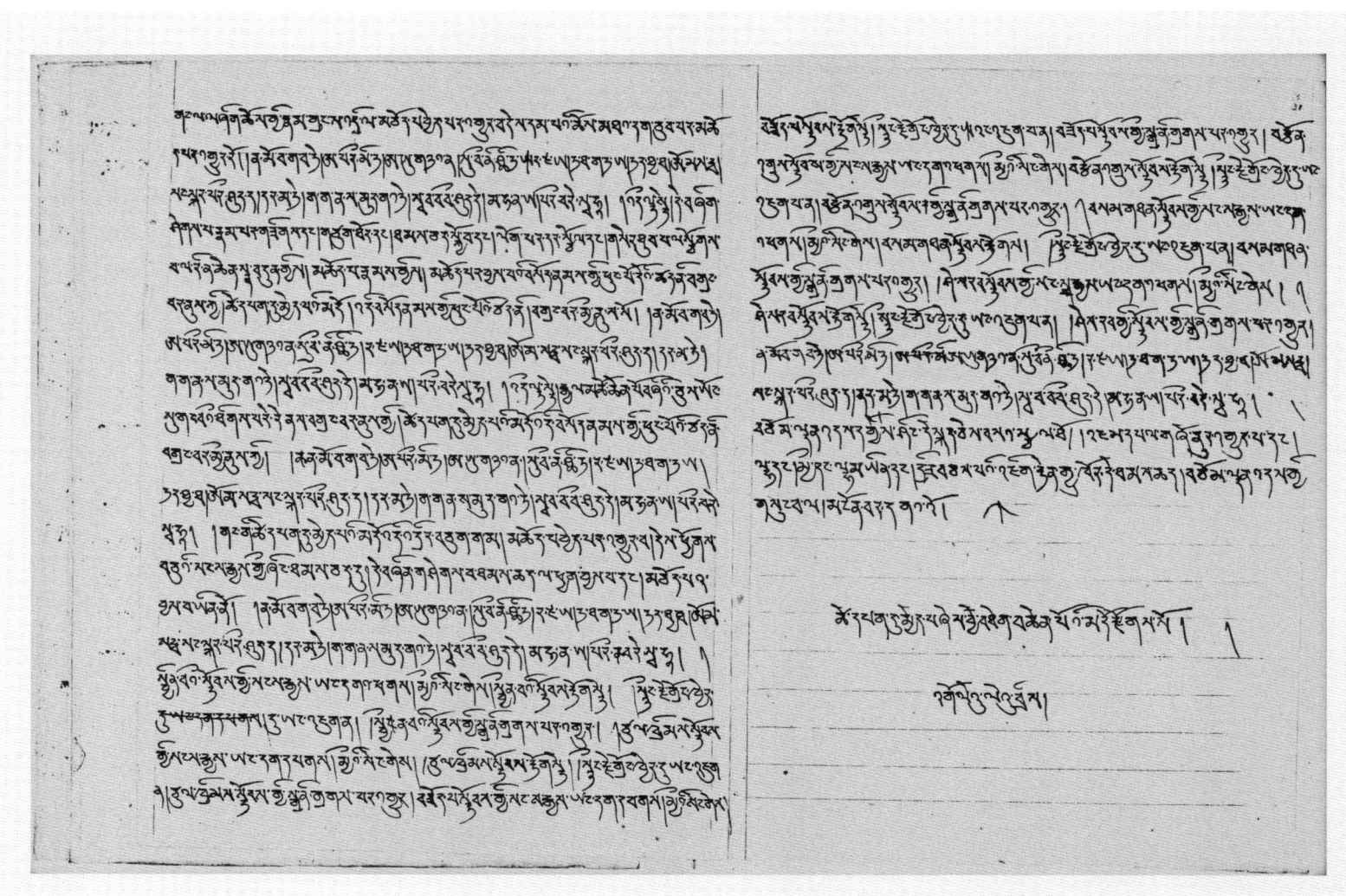

英 IOL.Tib.J.VOL.119　70.ཚེ་དཔག་ཏུ་མྱེད་པ་ཞེས་བྱ་བ་ཐེག་པ་ཆེན་པོའི་མདོ།　　71.བྲིས་བྱང་།
70.大乘無量壽宗要經　　71.抄寫題記　　(237–108)

英 IOL.Tib.J.VOL.119　72.ཚེ་དཔག་ཏུ་མྱེད་པ་ཞེས་བྱ་བ་ཐེག་པ་ཆེན་པོའི་མདོ།
72.大乘無量壽宗要經　　(237–109)

英 IOL.Tib.J.VOL.119　72.ཚེ་དཔག་ཏུ་མྱེད་པ་ཞེས་བྱ་བ་ཐེག་པ་ཆེན་པོའི་མདོ།
72.大乘無量壽宗要經　　(237-110)

英 IOL.Tib.J.VOL.119　72.ཚེ་དཔག་ཏུ་མྱེད་པ་ཞེས་བྱ་བ་ཐེག་པ་ཆེན་པོའི་མདོ།　73.བྲིས་བྱང་།
72.大乘無量壽宗要經　73.抄寫題記　(237-111)

英 IOL.Tib.J.VOL.119　74.ཚེ་དཔག་དུ་མྱེད་པ་ཞེས་བྱ་བ་ཐེག་པ་ཆེན་པོའི་མདོ།

74.大乘無量壽宗要經　　　(237-112)

英 IOL.Tib.J.VOL.119　74.ཚེ་དཔག་དུ་མྱེད་པ་ཞེས་བྱ་བ་ཐེག་པ་ཆེན་པོའི་མདོ།

74.大乘無量壽宗要經　　　(237-113)

英 IOL.Tib.J.VOL.119　74.ཚེ་དཔག་དུ་མྱེད་པ་ཞེས་བྱ་བ་ཐེག་པ་ཆེན་པོའི་མདོ།　75.བྲིས་བྱང་།

74.大乘無量壽宗要經　　75.抄寫題記　　(237-114)

英 IOL.Tib.J.VOL.119　76.ཚེ་དཔག་དུ་མྱེད་པ་ཞེས་བྱ་བ་ཐེག་པ་ཆེན་པོའི་མདོ།

76.大乘無量壽宗要經　　(237-115)

225

英 IOL.Tib.J.VOL.119　76.ཚེ་དཔག་དུ་མྱེད་པ་ཞེས་བྱ་བ་ཐེག་པ་ཆེན་པོའི་མདོ།
　　　　　　　　76.大乘無量壽宗要經　　(237−116)

英 IOL.Tib.J.VOL.119　76.ཚེ་དཔག་དུ་མྱེད་པ་ཞེས་བྱ་བ་ཐེག་པ་ཆེན་པོའི་མདོ།　77.བྲིས་བྱད།
　　　　　　　　76.大乘無量壽宗要經　　77.抄寫題記　　(237−117)

226

英 IOL.Tib.J.VOL.119　78.ཚེ་དཔག་དུ་མྱེད་པ་ཞེས་བྱ་བ་ཐེག་པ་ཆེན་པོའི་མདོ།

78.大乘無量壽宗要經　　(237–118)

英 IOL.Tib.J.VOL.119　78.ཚེ་དཔག་དུ་མྱེད་པ་ཞེས་བྱ་བ་ཐེག་པ་ཆེན་པོའི་མདོ།

78.大乘無量壽宗要經　　(237–119)

英 IOL.Tib.J.VOL.119　　78.ཚེ་དཔག་ཏུ་མྱེད་པ་ཞེས་བྱ་བ་ཐེག་པ་ཆེན་པོའི་མདོ།　　79.བྲིས་བྱང་།

78.大乘無量壽宗要經　　　79.抄寫題記　　　(237–120)

英 IOL.Tib.J.VOL.119　　80.ཚེ་དཔག་ཏུ་མྱེད་པ་ཞེས་བྱ་བ་ཐེག་པ་ཆེན་པོའི་མདོ།

80.大乘無量壽宗要經　　　(237–121)

英 IOL.Tib.J.VOL.119　　80.ཚེ་དཔག་དུ་མྱེད་པ་ཞེས་བྱ་བ་ཐེག་པ་ཆེན་པོའི་མདོ།
　　　　　　　　　80.大乘無量壽宗要經　　　(237-122)

英 IOL.Tib.J.VOL.119　　80.ཚེ་དཔག་དུ་མྱེད་པ་ཞེས་བྱ་བ་ཐེག་པ་ཆེན་པོའི་མདོ།　　81.བྲིས་བྱད།
　　　　　　　　　80.大乘無量壽宗要經　　　81.抄寫題記　　(237-123)

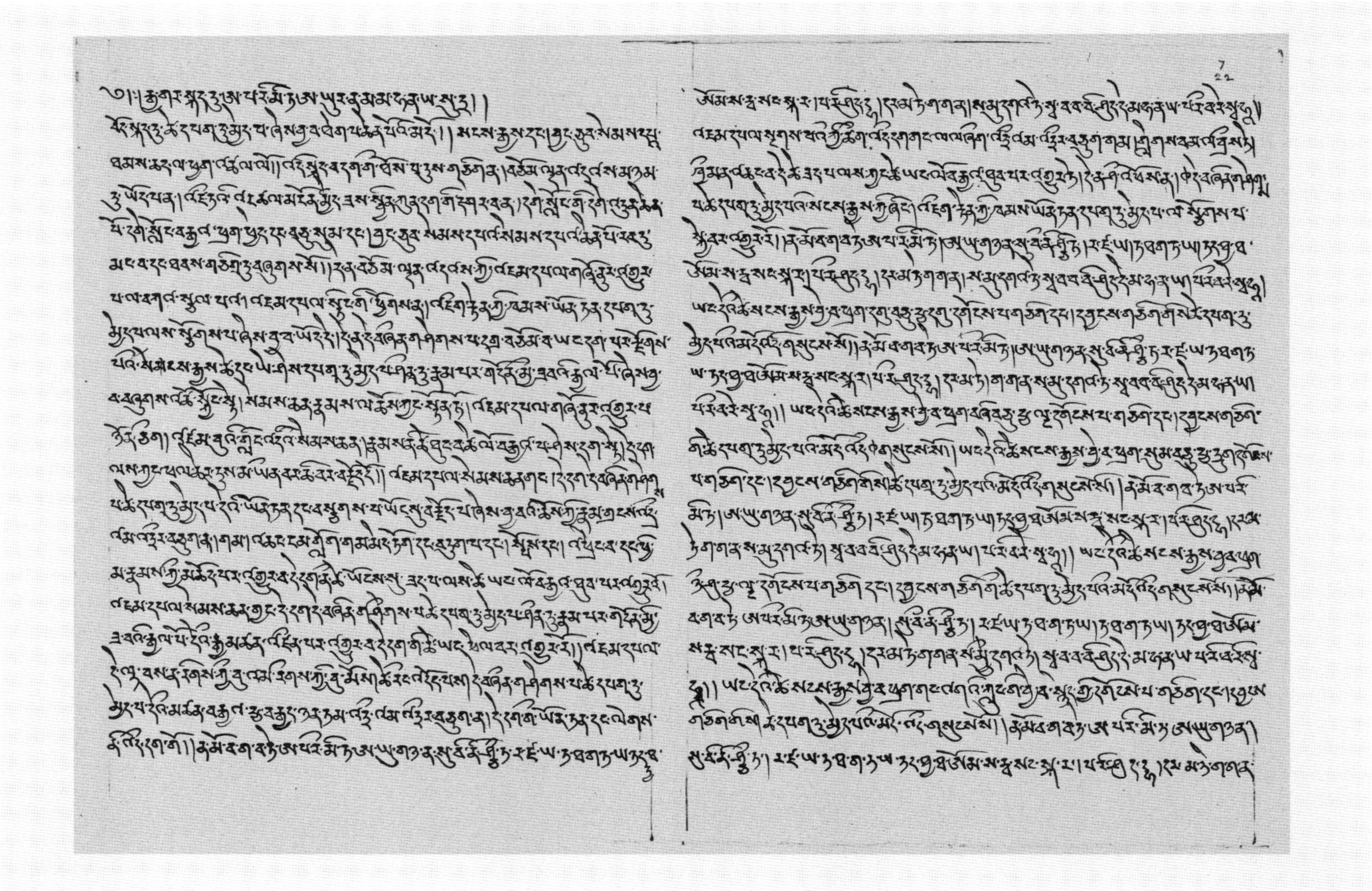

英 IOL.Tib.J.VOL.119　82.ཚེ་དཔག་ཏུ་མྱེད་པ་ཞེས་བྱ་བ་ཐེག་པ་ཆེན་པོའི་མདོ།
82.大乘無量壽宗要經　(237–124)

英 IOL.Tib.J.VOL.119　82.ཚེ་དཔག་ཏུ་མྱེད་པ་ཞེས་བྱ་བ་ཐེག་པ་ཆེན་པོའི་མདོ།
82.大乘無量壽宗要經　(237–125)

英 IOL.Tib.J.VOL.119　82.ཚེ་དཔག་དུ་མྱེད་པ་ཞེས་བྱ་བ་ཐེག་པ་ཆེན་པོའི་མདོ།　　83.བྲིས་བྱང་།

82.大乘無量壽宗要經　　83.抄寫題記　　(237-126)

英 IOL.Tib.J.VOL.119　84.ཚེ་དཔག་དུ་མྱེད་པ་ཞེས་བྱ་བ་ཐེག་པ་ཆེན་པོའི་མདོ།

84.大乘無量壽宗要經　　(237-127)

英 IOL.Tib.J.VOL.119　84.ཚེ་དཔག་དུ་མྱེད་པ་ཞེས་བྱ་བ་ཐེག་པ་ཆེན་པོའི་མདོ།
84.大乘無量壽宗要經　　　(237–128)

英 IOL.Tib.J.VOL.119　84.ཚེ་དཔག་དུ་མྱེད་པ་ཞེས་བྱ་བ་ཐེག་པ་ཆེན་པོའི་མདོ།　85.བྲིས་བྱང་།
84.大乘無量壽宗要經　　85.抄寫題記　　(237–129)

英 IOL.Tib.J.VOL.119　86.ཚེ་དཔག་དུ་མྱེད་པ་ཞེས་བྱ་བ་ཐེག་པ་ཆེན་པོའི་མདོ།

86.大乘無量壽宗要經　　　(237–130)

英 IOL.Tib.J.VOL.119　86.ཚེ་དཔག་དུ་མྱེད་པ་ཞེས་བྱ་བ་ཐེག་པ་ཆེན་པོའི་མདོ།

86.大乘無量壽宗要經　　　(237–131)

英 IOL.Tib.J.VOL.119　86.ཚེ་དཔག་དུ་མྱེད་པ་ཞེས་བྱ་བ་ཐེག་པ་ཆེན་པོའི་མདོ།　87.བྲིས་བྱང་།

86.大乘無量壽宗要經　　87.抄寫題記　(237-132)

英 IOL.Tib.J.VOL.119　88.ཚེ་དཔག་དུ་མྱེད་པ་ཞེས་བྱ་བ་ཐེག་པོ་ཆེན་པོའི་མདོ།

88.大乘無量壽宗要經　　(237-133)

英 IOL.Tib.J.VOL.119　88.ཚེ་དཔག་དུ་མྱེད་པ་ཞེས་བྱ་བ་ཐེག་པོ་ཆེན་པོའི་མདོ།
88.大乘無量壽宗要經　　(237-134)

英 IOL.Tib.J.VOL.119　88.ཚེ་དཔག་དུ་མྱེད་པ་ཞེས་བྱ་བ་ཐེག་པོ་ཆེན་པོའི་མདོ།　89.བྲིས་བྱང་།
88.大乘無量壽宗要經　　89.抄寫題記　　(237-135)

英 IOL.Tib.J.VOL.119　90.ཚེ་དཔག་དུ་མྱེད་པ་ཞེས་བྱ་བ་ཐེག་པ་ཆེན་པོའི་མདོ།

90.大乘無量壽宗要經　　　(237–136)

英 IOL.Tib.J.VOL.119　90.ཚེ་དཔག་དུ་མྱེད་པ་ཞེས་བྱ་བ་ཐེག་པ་ཆེན་པོའི་མདོ།

90.大乘無量壽宗要經　　　(237–137)

英 IOL.Tib.J.VOL.119　90.ཚེ་དཔག་དུ་མྱེད་པ་ཞེས་བྱ་བ་ཐེག་པ་ཆེན་པོའི་མདོ།　　91.བྲིས་བྱང་།

90.大乘無量壽宗要經　　91.抄寫題記　　(237-138)

英 IOL.Tib.J.VOL.119　92.ཚེ་དཔག་དུ་མྱེད་པ་ཞེས་བྱ་བ་ཐེག་པ་ཆེན་པོའི་མདོ།

92.大乘無量壽宗要經　　(237-139)

英 IOL.Tib.J.VOL.119　92.ཚེ་དཔག་དུ་མྱེད་པ་ཞེས་བྱ་བ་ཐེག་པ་ཆེན་པོའི་མདོ།

92.大乘無量壽宗要經　　　(237–140)

英 IOL.Tib.J.VOL.119　92.ཚེ་དཔག་དུ་མྱེད་པ་ཞེས་བྱ་བ་ཐེག་པ་ཆེན་པོའི་མདོ།　　　93.བྲིས་བྱང་།

92.大乘無量壽宗要經　　93.抄寫題記　(237–141)

英 IOL.Tib.J.VOL.119　94.ཚེ་དཔག་ཏུ་མྱེད་པ་ཞེས་བྱ་བ་ཐེག་པ་ཆེན་པོའི་མདོ།
94.大乘無量壽宗要經　　(237-142)

英 IOL.Tib.J.VOL.119　94.ཚེ་དཔག་ཏུ་མྱེད་པ་ཞེས་བྱ་བ་ཐེག་པ་ཆེན་པོའི་མདོ།
94.大乘無量壽宗要經　　(237-143)

英 IOL.Tib.J.VOL.119　94.ཚེ་དཔག་དུ་མྱེད་པ་ཞེས་བྱ་བ་ཐེག་པ་ཆེན་པོའི་མདོ།　　95.བྱིས་བྱང་།

94.大乘無量壽宗要經　　95.抄寫題記　　(237–144)

英 IOL.Tib.J.VOL.119　96.ཚེ་དཔག་དུ་མྱེད་པ་ཞེས་བྱ་བ་ཐེག་པ་ཆེན་པོའི་མདོ།

96.大乘無量壽宗要經　　(237–145)

英 IOL.Tib.J.VOL.119　96.ཚེ་དཔག་དུ་མྱེད་པ་ཞེས་བྱ་བ་ཐེག་པ་ཆེན་པོའི་མདོ།
96.大乘無量壽宗要經　　　(237-146)

英 IOL.Tib.J.VOL.119　96.ཚེ་དཔག་དུ་མྱེད་པ་ཞེས་བྱ་བ་ཐེག་པ་ཆེན་པོའི་མདོ།　　97.བྲིས་བྱང་།
96.大乘無量壽宗要經　　　97.抄寫題記　　(237-147)

英 IOL.Tib.J.VOL.119　98.ཚེ་དཔག་དུ་མྱེད་པ་ཞེས་བྱ་བ་ཐེག་པ་ཆེན་པོ་འི་མདོ།
98.大乘無量壽宗要經　　　(237-148)

英 IOL.Tib.J.VOL.119　98.ཚེ་དཔག་དུ་མྱེད་པ་ཞེས་བྱ་བ་ཐེག་པ་ཆེན་པོ་འི་མདོ།
98.大乘無量壽宗要經　　　(237-149)

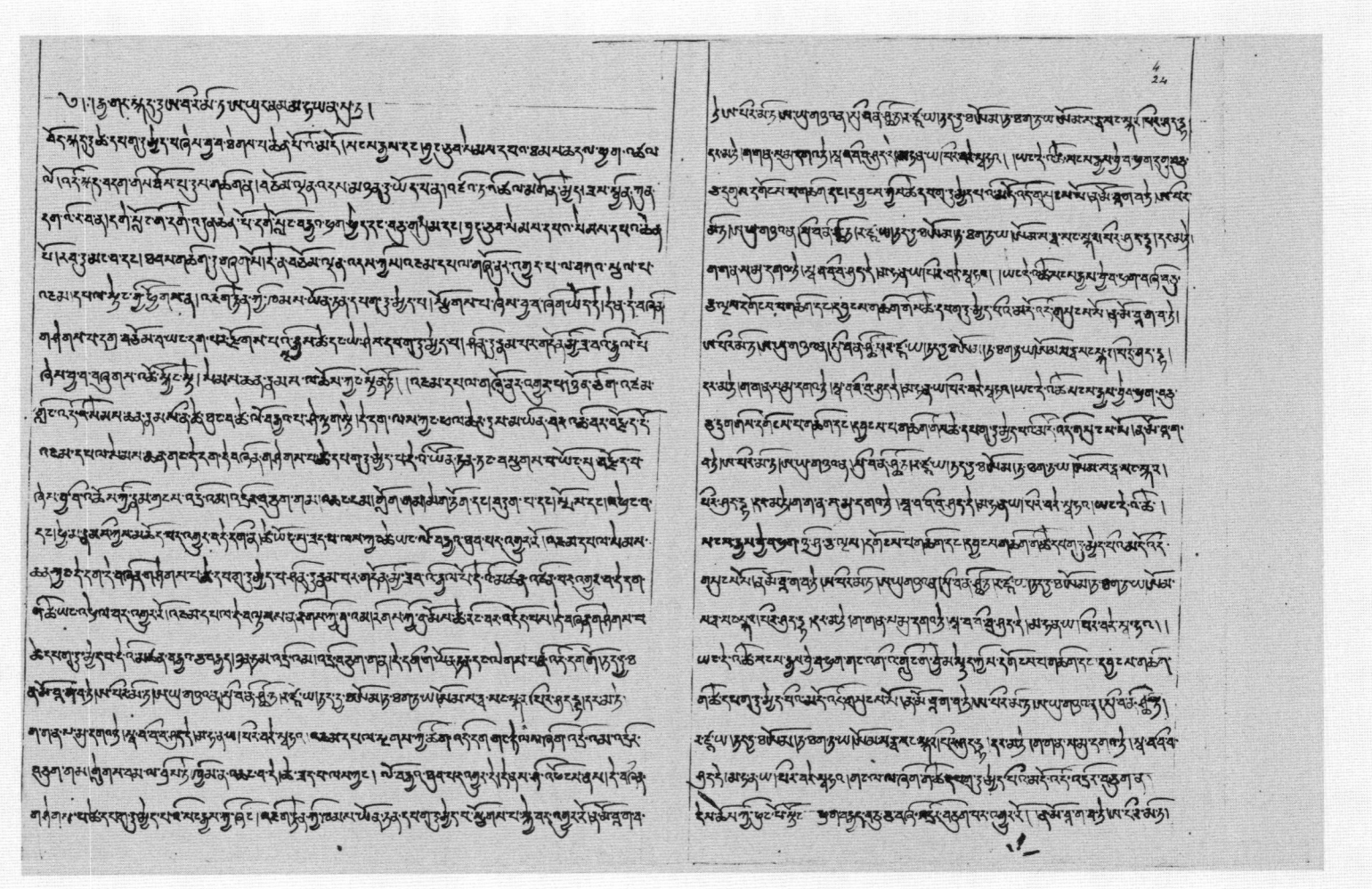

英 IOL.Tib.J.VOL.119　98.ཚེ་དཔག་དུ་མྱེད་པ་ཞེས་བྱ་བ་ཐེག་པ་ཆེན་པོའི་མདོ།　　99.བྲིས་བྱང་།

98.大乘無量壽宗要經　　　99.抄寫題記　　　(237–150)

英 IOL.Tib.J.VOL.119　100.ཚེ་དཔག་དུ་མྱེད་པ་ཞེས་བྱ་བ་ཐེག་པ་ཆེན་པོའི་མདོ།

100.大乘無量壽宗要經　　　(237–151)

英 IOL.Tib.J.VOL.119　　100.ཚེ་དཔག་དུ་མྱེད་པ་ཞེས་བྱ་བ་ཐེགས་པ་ཆེན་པོ་འི་མདོ།

100.大乘無量壽宗要經　　　　(237–152)

英 IOL.Tib.J.VOL.119　　100.ཚེ་དཔག་དུ་མྱེད་པ་ཞེས་བྱ་བ་ཐེགས་པ་ཆེན་པོ་འི་མདོ།　　　101.བྱིས་བྱང་།

100.大乘無量壽宗要經　　　101.抄寫題記　　(237–153)

英 IOL.Tib.J.VOL.119　102.ཚེ་དཔག་དུ་མྱེད་པ་ཞེས་བྱ་བ་ཐེག་པ་ཆེན་པོའི་མདོ།
102.大乘無量壽宗要經　　　(237-154)

英 IOL.Tib.J.VOL.119　102.ཚེ་དཔག་དུ་མྱེད་པ་ཞེས་བྱ་བ་ཐེག་པ་ཆེན་པོའི་མདོ།
102.大乘無量壽宗要經　　　(237-155)

英 IOL.Tib.J.VOL.119　　102.ཚེ་དཔག་དུ་མྱེད་པ་ཞེས་བྱ་བ་ཐེག་པ་ཆེན་པོ་འི་མདོ།　　103.བྲིས་བྱང་།
102.大乘無量壽宗要經　　103.抄寫題記　　(237–156)

英 IOL.Tib.J.VOL.119　　104.ཚེ་དཔག་དུ་མྱེད་པ་ཞེས་བྱ་བ་ཐེག་པ་ཆེན་པོ་འི་མདོ།
104.大乘無量壽宗要經　　(237–157)

英 IOL.Tib.J.VOL.119　　104.ཚེ་དཔག་དུ་མྱེད་པ་ཞེས་བྱ་བ་ཐེག་པ་ཆེན་པོའི་མདོ།

104.大乘無量壽宗要經　　　（237–158）

英 IOL.Tib.J.VOL.119　　104.ཚེ་དཔག་དུ་མྱེད་པ་ཞེས་བྱ་བ་ཐེག་པ་ཆེན་པོའི་མདོ།　　　105.བྲིས་བྱང་།

104.大乘無量壽宗要經　　　105.抄寫題記　　　（237–159）

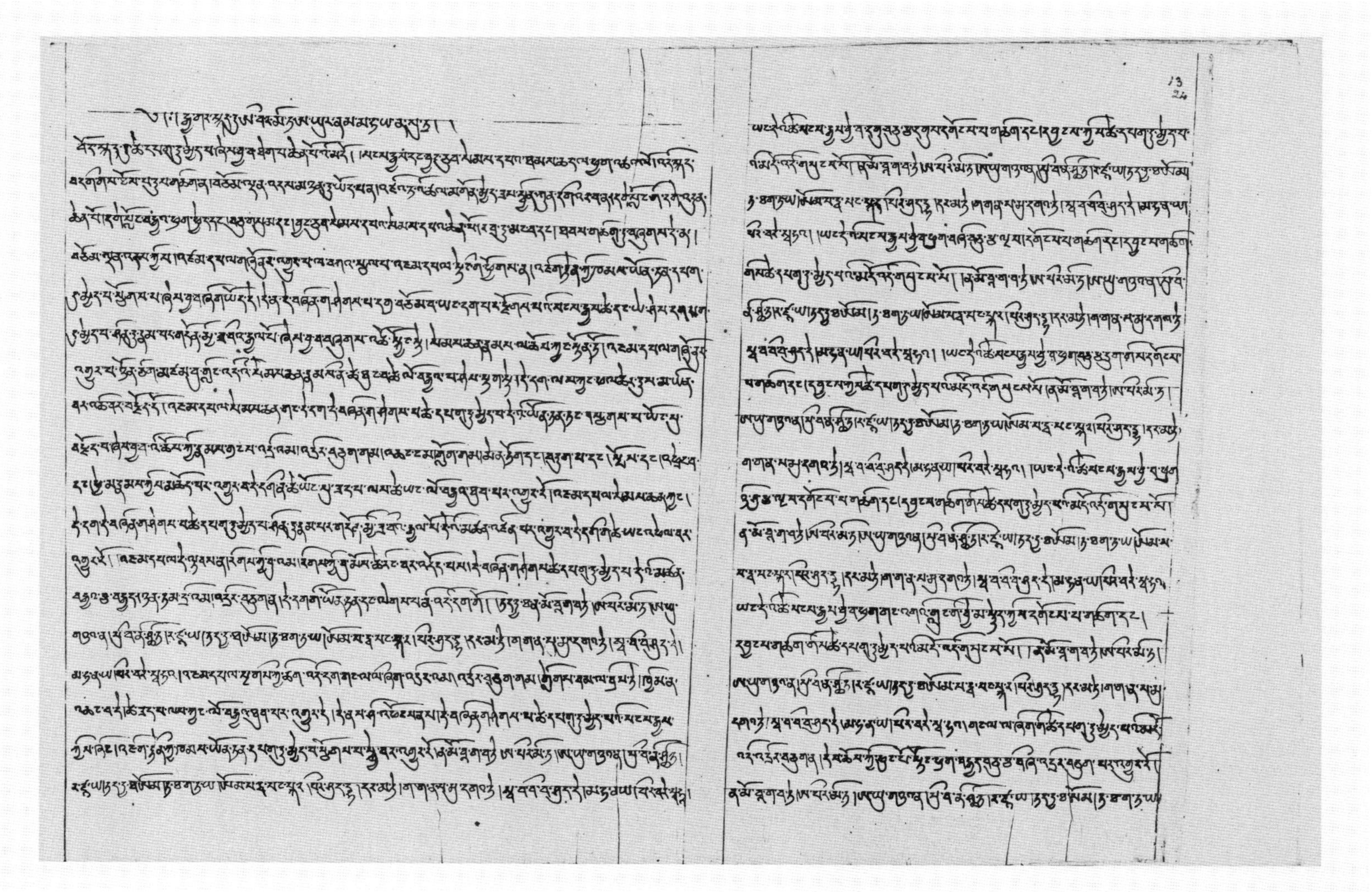

英 IOL.Tib.J.VOL.119 106.ཚེ་དཔག་ཏུ་མེད་པ་ཞེས་བྱ་བ་ཐེག་པ་ཆེན་པོའི་མདོ།
106.大乘無量壽宗要經 (237–160)

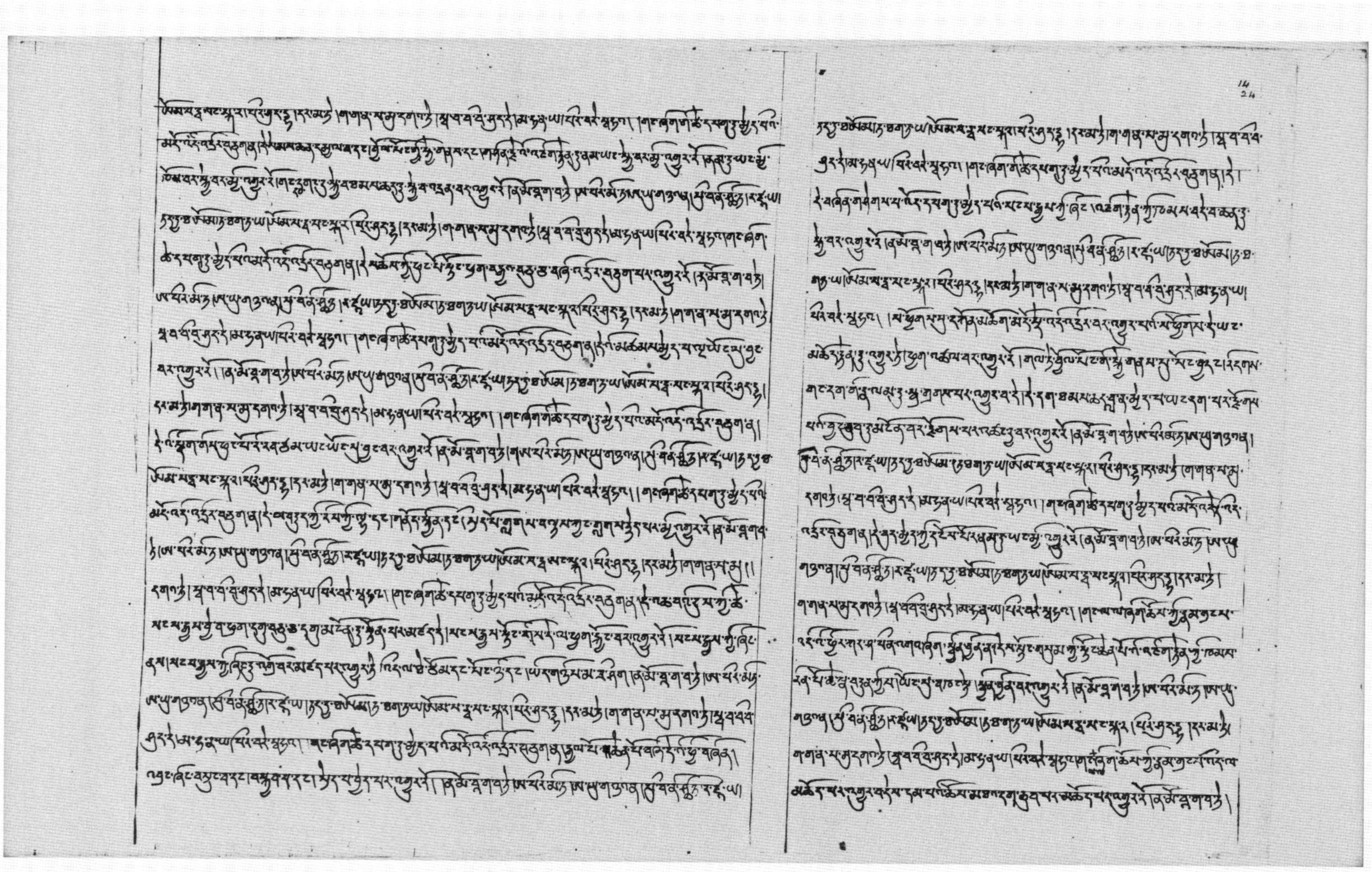

英 IOL.Tib.J.VOL.119 106.ཚེ་དཔག་ཏུ་མེད་པ་ཞེས་བྱ་བ་ཐེག་པ་ཆེན་པོའི་མདོ།
106.大乘無量壽宗要經 (237–161)

英 IOL.Tib.J.VOL.119　106.ཚེ་དཔག་དུ་མྱེད་པ་ཞེས་བྱ་བ་ཐེག་པ་ཆེན་པོའི་མདོ།　　　107.བྲིས་བྱང་།

106.大乘無量壽宗要經　　　107.抄寫題記　　　(237−162)

英 IOL.Tib.J.VOL.119　108.ཚེ་དཔག་དུ་མྱེད་པ་ཞེས་བྱ་བ་ཐེག་པ་ཆེན་པོའི་མདོ།

108.大乘無量壽宗要經　　　(237−163)

英 IOL.Tib.J.VOL.119　108.ཚེ་དཔག་དུ་མྱེད་པ་ཞེས་བྱ་བ་ཐེག་པ་ཆེན་པོའི་མདོ།
108.大乘無量壽宗要經　　　(237-164)

英 IOL.Tib.J.VOL.119　108.ཚེ་དཔག་དུ་མྱེད་པ་ཞེས་བྱ་བ་ཐེག་པ་ཆེན་པོའི་མདོ།　　109.བྲིས་བྱང་།
108.大乘無量壽宗要經　　109.抄寫題記　　(237-165)

250

英 IOL.Tib.J.VOL.119　　110.ཚེ་དཔག་དུ་མྱེད་པ་ཞེས་བྱ་བ་ཐེག་པ་ཆེན་པོའི་མདོ།

110.大乘無量壽宗要經　　　　(237–166)

英 IOL.Tib.J.VOL.119　　110.ཚེ་དཔག་དུ་མྱེད་པ་ཞེས་བྱ་བ་ཐེག་པ་ཆེན་པོའི་མདོ།

110.大乘無量壽宗要經　　　　(237–167)

英 IOL.Tib.J.VOL.119　110.ཚེ་དཔག་དུ་མྱེད་པ་ཞེས་བྱ་བ་ཐེག་པ་ཆེན་པོའི་མདོ།　　111.བྲིས་བྱང་།

110.大乘無量壽宗要經　　111.抄寫題記　　(237–168)

英 IOL.Tib.J.VOL.119　112.ཚེ་དཔག་དུ་མྱེད་པ་ཞེས་བྱ་བ་ཐེག་པ་ཆེན་པོའི་མདོ།

112.大乘無量壽宗要經　　(237–169)

英 IOL.Tib.J.VOL.119　112.ཚེ་དཔག་དུ་མྱེད་པ་ཞེས་བྱ་བ་ཐེག་པ་ཆེན་པོའི་མདོ༈

112.大乘無量壽宗要經　　　　(237–170)

英 IOL.Tib.J.VOL.119　112.ཚེ་དཔག་དུ་མྱེད་པ་ཞེས་བྱ་བ་ཐེག་པ་ཆེན་པོའི་མདོ༈　　113.བྲིས་བྱང་༈

112.大乘無量壽宗要經　　113.抄寫題記　(237–171)

英 IOL.Tib.J.VOL.119　114.ཚེ་དཔག་དུ་མྱེད་པ་ཞེས་བྱ་བ་ཐེག་པ་ཆེན་པོའི་མདོ།

114.大乘無量壽宗要經　　　(237–172)

英 IOL.Tib.J.VOL.119　114.ཚེ་དཔག་དུ་མྱེད་པ་ཞེས་བྱ་བ་ཐེག་པ་ཆེན་པོའི་མདོ།

114.大乘無量壽宗要經　　　(237–173)

英 IOL.Tib.J.VOL.119　114.ཚེ་དཔག་དུ་མྱེད་པ་ཞེས་བྱ་བ་ཐེག་པ་ཆེན་པོའི་མདོ།　　115.བྲིས་བྱང་།

114.大乘無量壽宗要經　　115.抄寫題記　　(237–174)

英 IOL.Tib.J.VOL.119　116.ཚེ་དཔག་དུ་མྱེད་པ་ཞེས་བྱ་བ་ཐེག་པ་ཆེན་པོའི་མདོ།

116.大乘無量壽宗要經　　(237–175)

英 IOL.Tib.J.VOL.119　　116.ཚེ་དཔག་དུ་མྱེད་པ་ཞེས་བྱ་བ་ཐེག་པ་ཆེན་པོའི་མདོའ།

116.大乘無量壽宗要經　　　(237-176)

英 IOL.Tib.J.VOL.119　　116.ཚེ་དཔག་དུ་མྱེད་པ་ཞེས་བྱ་བ་ཐེག་པ་ཆེན་པོའི་མདོའ།　　117.བྲིས་བྱང་།

116.大乘無量壽宗要經　　　117.抄寫題記　(237-177)

英 IOL.Tib.J.VOL.119   118.ཚེ་དཔག་དུ་མྱེད་པ་ཞེས་བྱ་བ་ཐེག་པ་ཆེན་པོའི་མདོ།
118.大乘無量壽宗要經   (237−178)

英 IOL.Tib.J.VOL.119   118.ཚེ་དཔག་དུ་མྱེད་པ་ཞེས་བྱ་བ་ཐེག་པ་ཆེན་པོའི་མདོ།
118.大乘無量壽宗要經   (237−179)

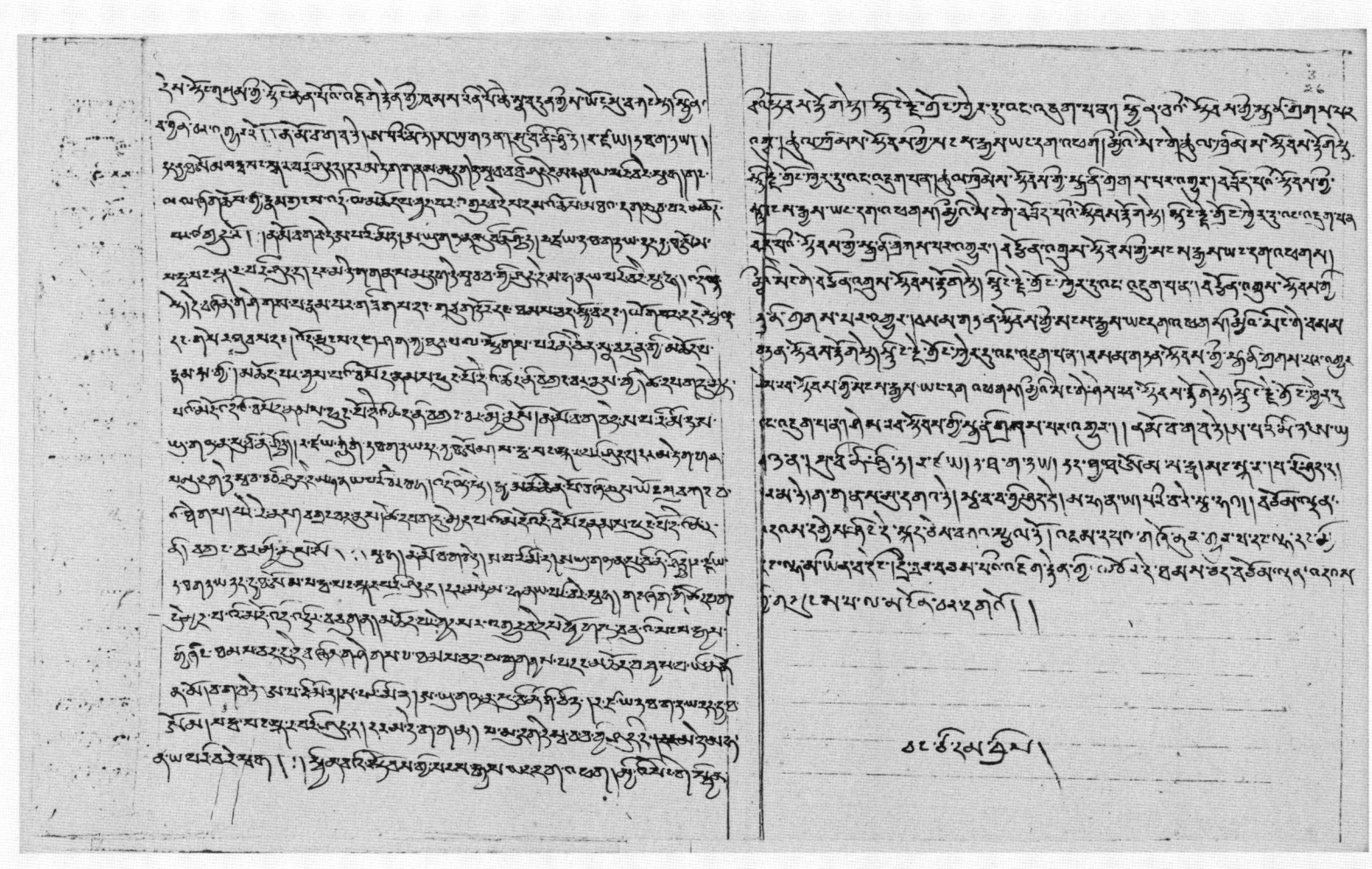

英 IOL.Tib.J.VOL.119　　118.ཚེ་དཔག་དུ་མྱེད་པ་ཞེས་བྱ་བ་ཐེག་པ་ཆེན་པོ་འི་མདོ།　　119.བྲིས་བྱང་།

118.大乘無量壽宗要經　　119.抄寫題記　　(237–180)

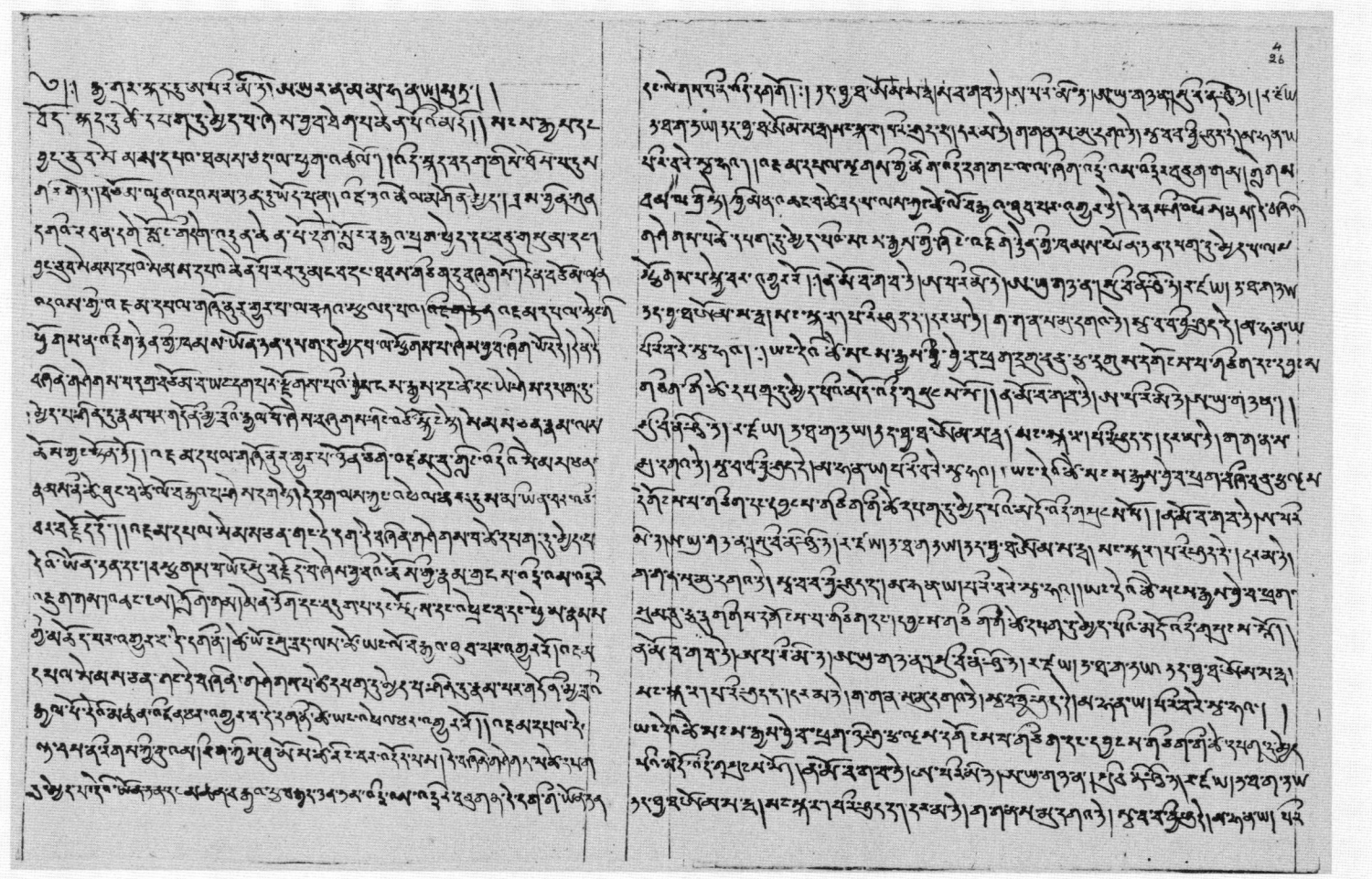

英 IOL.Tib.J.VOL.119　　120.ཚེ་དཔག་དུ་མྱེད་པ་ཞེས་བྱ་བ་ཐེག་པ་ཆེན་པོ་འི་མདོ།

120.大乘無量壽宗要經　　(237–181)

英 IOL.Tib.J.VOL.119　122.ཚེ་དཔག་དུ་མྱེད་པ་ཞེས་བྱ་བ་ཐེག་པ་ཆེན་པོའི་མདོ།
122.大乘無量壽宗要經　　　(237–184)

英 IOL.Tib.J.VOL.119　122.ཚེ་དཔག་དུ་མྱེད་པ་ཞེས་བྱ་བ་ཐེག་པ་ཆེན་པོའི་མདོ།
122.大乘無量壽宗要經　　　(237–185)

英 IOL.Tib.J.VOL.119　122.ཚེ་དཔག་དུ་མྱེད་པ་ཞེས་བྱ་བ་ཐེག་པ་ཆེན་པོའི་མདོ།　　123.བྲིས་བྱང་།

122.大乘無量壽宗要經　　123.抄寫題記　　(237-186)

英 IOL.Tib.J.VOL.119　124.ཚེ་དཔག་དུ་མྱེད་པ་ཞེས་བྱ་བ་ཐེག་པ་ཆེན་པོའི་མདོ།

124.大乘無量壽宗要經　　(237-187)

英 IOL.Tib.J.VOL.119　124.ཚེ་དཔག་དུ་མྱེད་པ་ཞེས་བྱ་བ་ཐེག་པ་ཆེན་པོའི་མདོ།
124.大乘無量壽宗要經　　(237-188)

英 IOL.Tib.J.VOL.119　124.ཚེ་དཔག་དུ་མྱེད་པ་ཞེས་བྱ་བ་ཐེག་པ་ཆེན་པོའི་མདོ།　125.བྱིས་བྱང་།
124.大乘無量壽宗要經　　125.抄寫題記　(237-189)

英 IOL.Tib.J.VOL.119　126.ཚེ་དཔག་དུ་མྱེད་པ་ཞེས་བྱ་བ་ཐེག་པ་ཆེན་པོ་འི་མདོ།
126.大乘無量壽宗要經　　　(237-190)

英 IOL.Tib.J.VOL.119　126.ཚེ་དཔག་དུ་མྱེད་པ་ཞེས་བྱ་བ་ཐེག་པ་ཆེན་པོ་འི་མདོ།
126.大乘無量壽宗要經　　　(237-191)

英 IOL.Tib.J.VOL.119　126.ཚེ་དཔག་དུ་མྱེད་པ་ཞེས་བྱ་བ་ཐེག་པ་ཆེན་པོ་འི་མདོ།　　127.བྲིས་བྱང་།

126.大乘無量壽宗要經　　127.抄寫題記　　(237−192)

英 IOL.Tib.J.VOL.119　128.ཚེ་དཔག་དུ་མྱེད་པ་ཞེས་བྱ་བ་ཐེག་པ་ཆེན་པོ་འི་མདོ།

128.大乘無量壽宗要經　　(237−193)

英 IOL.Tib.J.VOL.119　128.ཚེ་དཔག་ཏུ་མྱེད་པ་ཞེས་བྱ་བ་ཐེག་པ་ཆེན་པོའི་མདོ།

128.大乘無量壽宗要經　　　(237–194)

英 IOL.Tib.J.VOL.119　128.ཚེ་དཔག་ཏུ་མྱེད་པ་ཞེས་བྱ་བ་ཐེག་པ་ཆེན་པོའི་མདོ།　　　129.བྲིས་བྱང་།

128.大乘無量壽宗要經　　129.抄寫題記　(237–195)

英 IOL.Tib.J.VOL.119　130.ཚེ་དཔག་དུ་མྱེད་པ་ཞེས་བྱ་བ་ཐེག་པ་ཆེན་པོའི་མདོ།
130.大乘無量壽宗要經　　(237–196)

英 IOL.Tib.J.VOL.119　130.ཚེ་དཔག་དུ་མྱེད་པ་ཞེས་བྱ་བ་ཐེག་པ་ཆེན་པོའི་མདོ།
130.大乘無量壽宗要經　　(237–197)

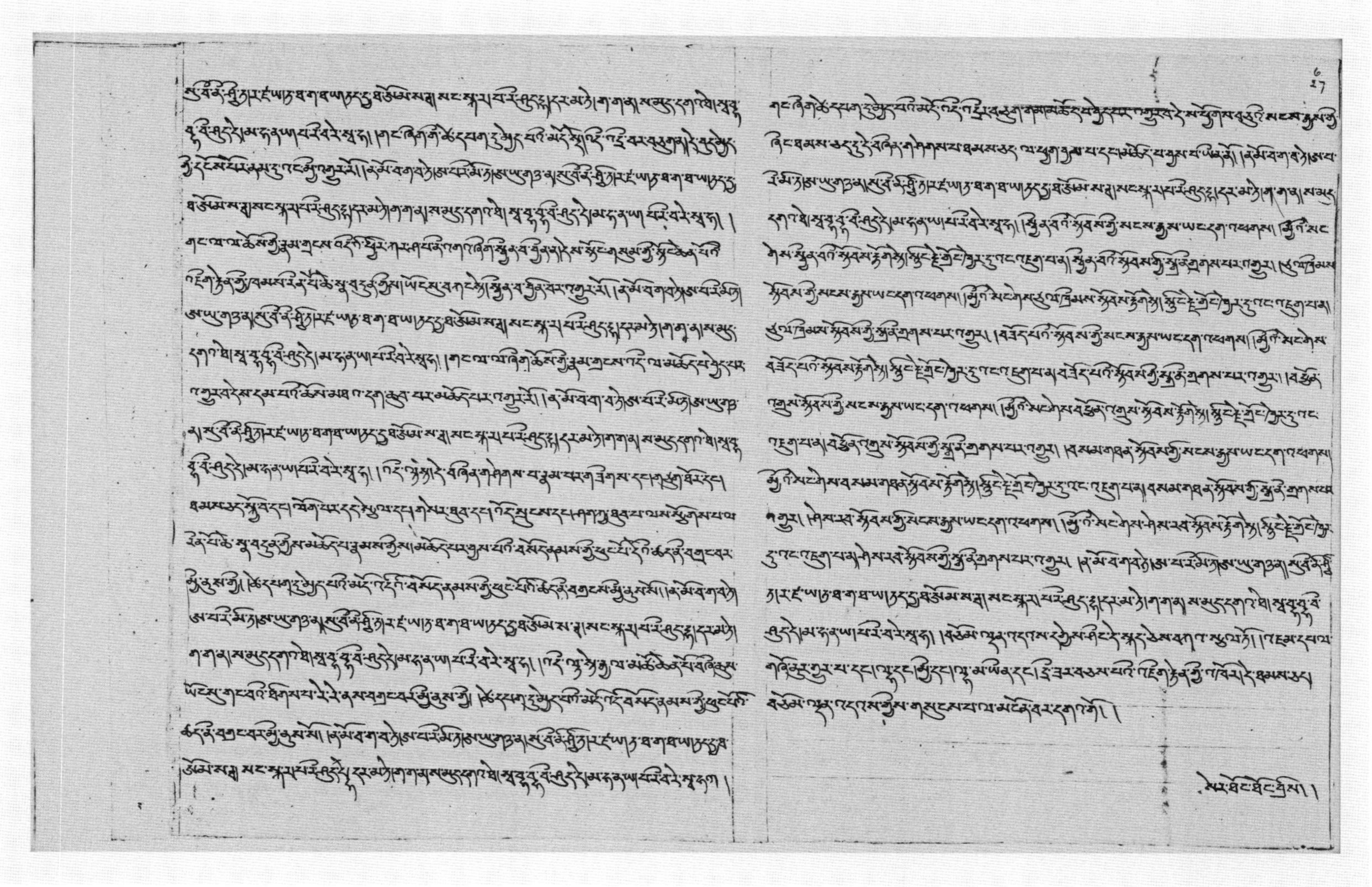

英 IOL.Tib.J.VOL.119 130.ཚེ་དཔག་ཏུ་མེད་པ་ཞེས་བྱ་བ་ཐེག་པ་ཆེན་པོའི་མདོ། 131.བྲིས་བྱང་།

130.大乘無量壽宗要經 131.抄寫題記 (237–198)

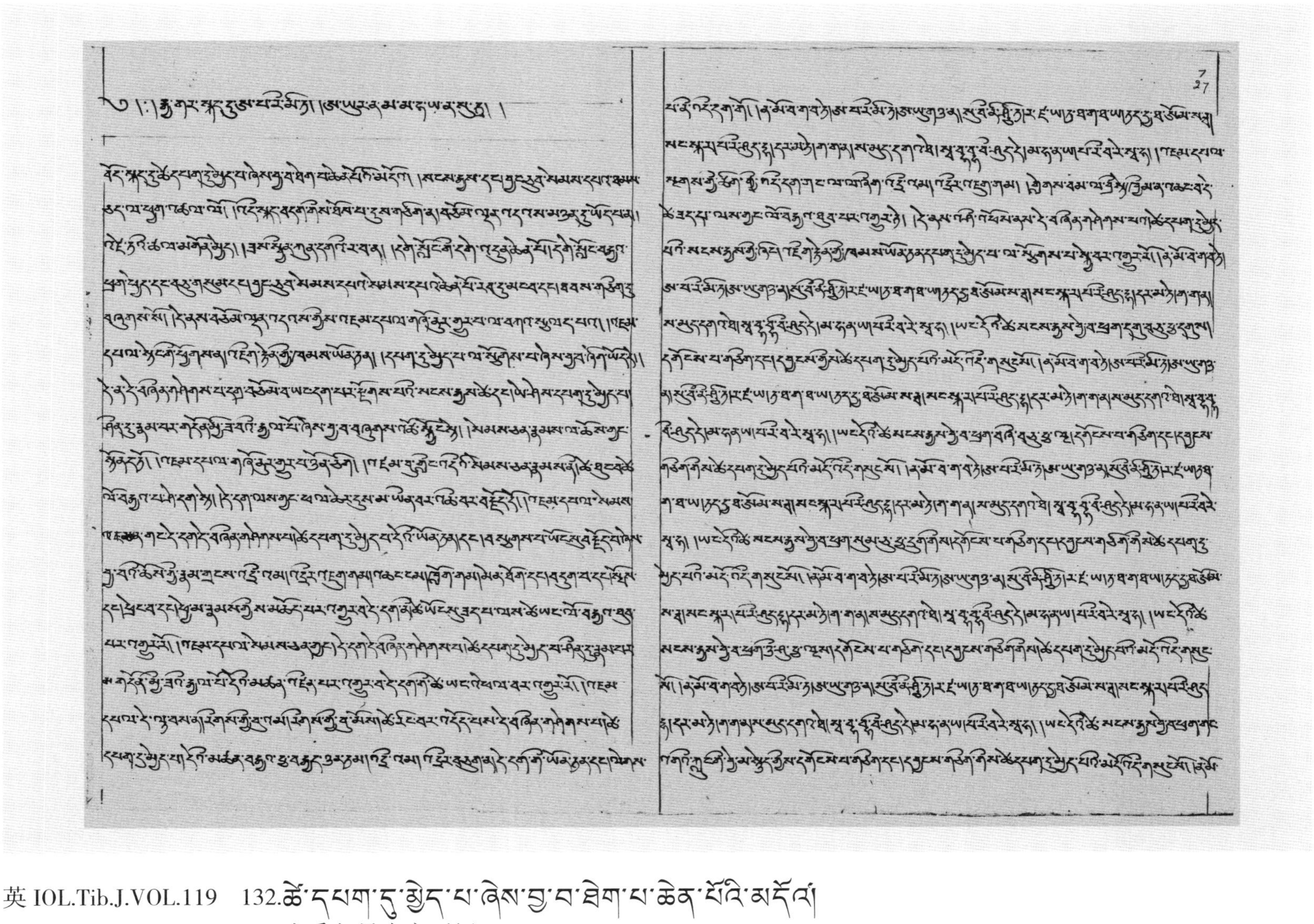

英 IOL.Tib.J.VOL.119 132.ཚེ་དཔག་ཏུ་མེད་པ་ཞེས་བྱ་བ་ཐེག་པ་ཆེན་པོའི་མདོ།

132.大乘無量壽宗要經 (237–199)

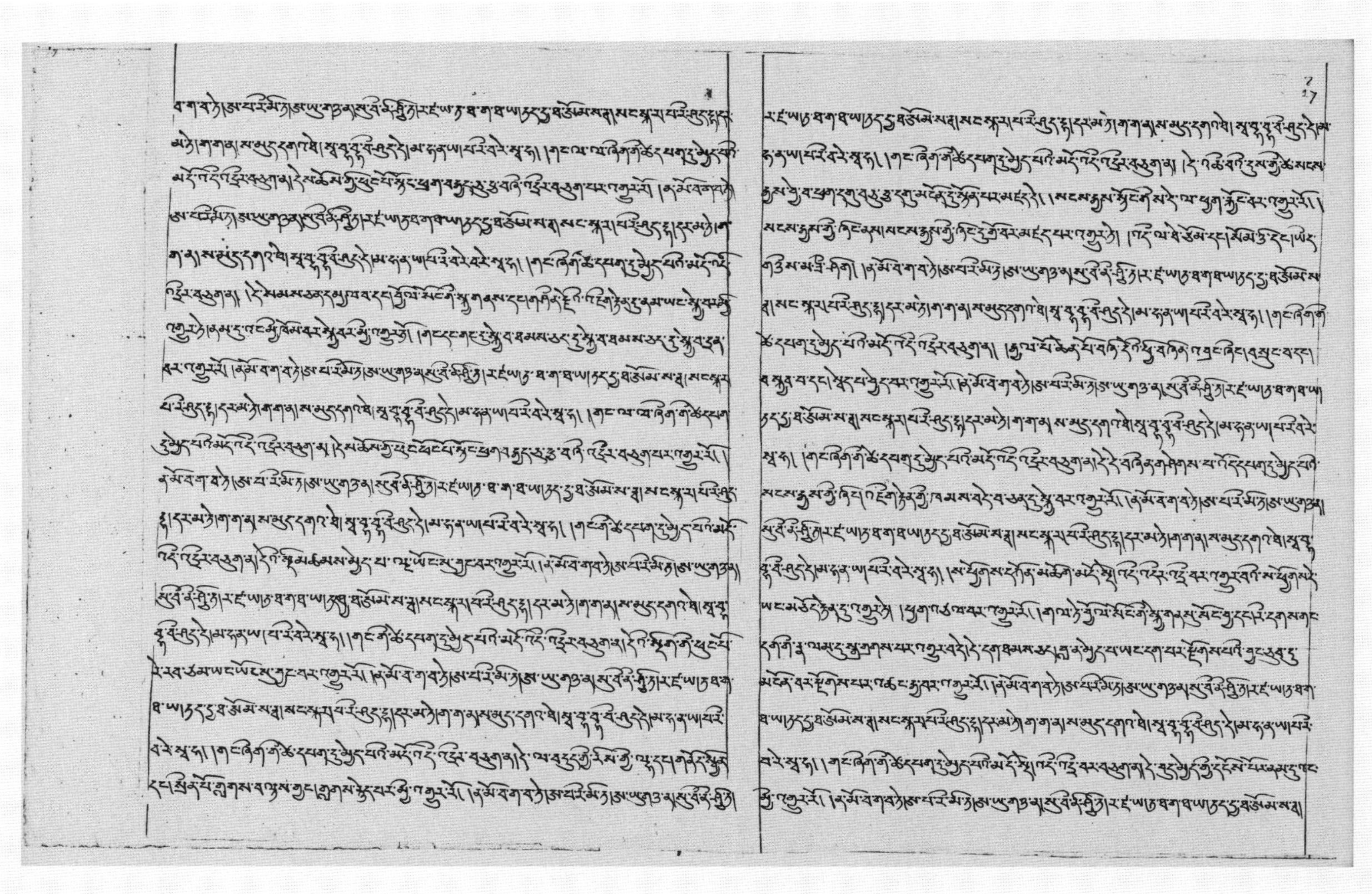

英 IOL.Tib.J.VOL.119　132.ཚེ་དཔག་དུ་མེད་པ་ཞེས་བྱ་བ་ཐེག་པ་ཆེན་པོའི་མདོ།
132.大乘無量壽宗要經　(237–200)

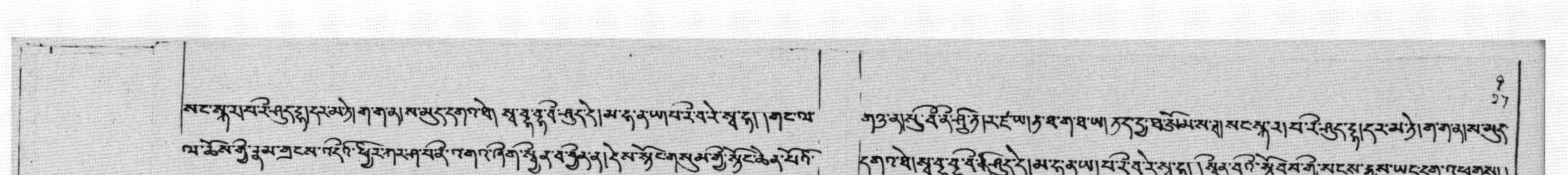

英 IOL.Tib.J.VOL.119　132.ཚེ་དཔག་དུ་མེད་པ་ཞེས་བྱ་བ་ཐེག་པ་ཆེན་པོའི་མདོ།　133.བྲིས་བྱང་།
132.大乘無量壽宗要經　133.抄寫題記　(237–201)

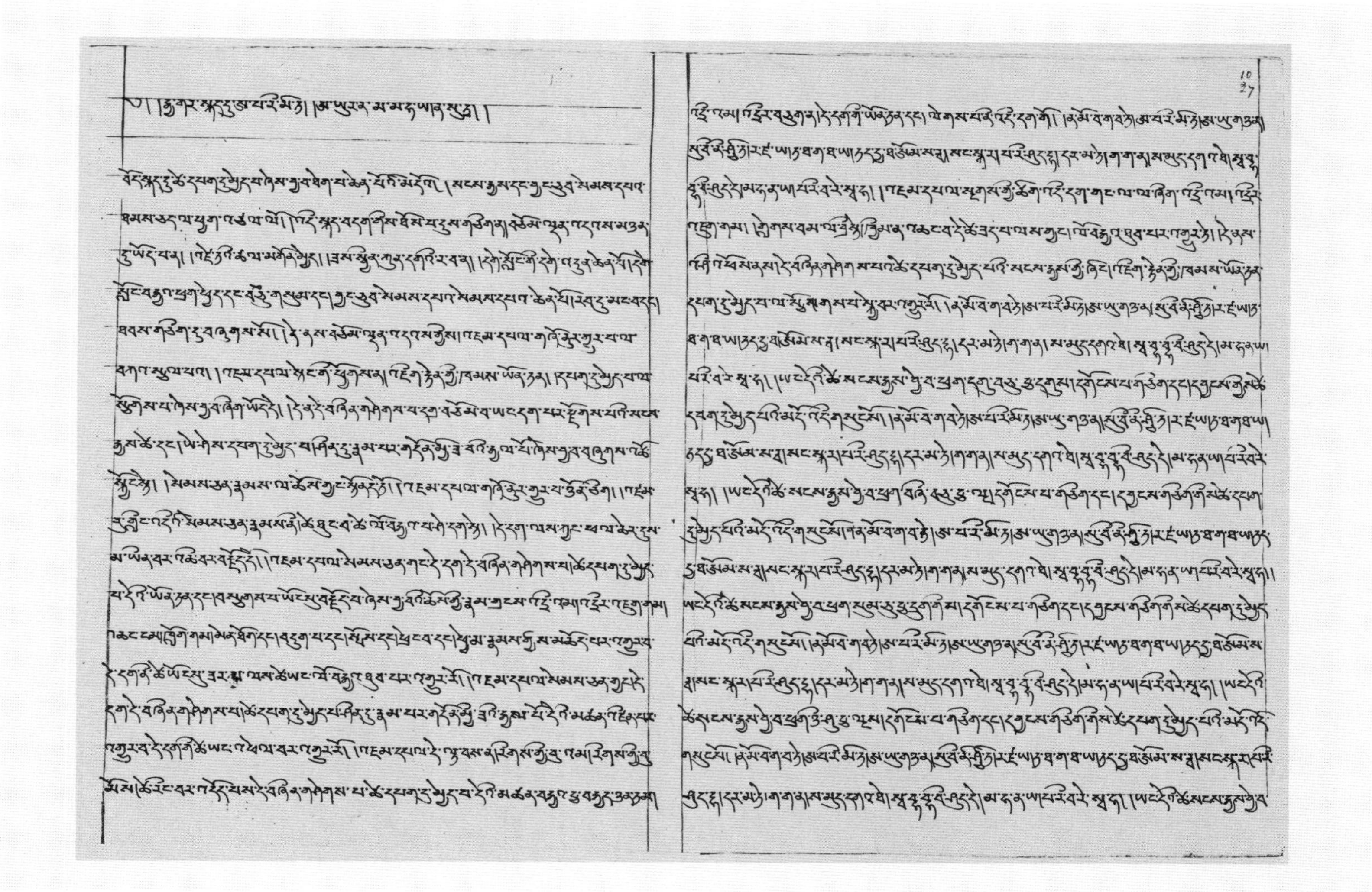

英 IOL.Tib.J.VOL.119 134.ཚེ་དཔག་ཏུ་མེད་པ་ཞེས་བྱ་བ་ཐེག་པ་ཆེན་པོའི་མདོ།
134.大乘無量壽宗要經 (237–202)

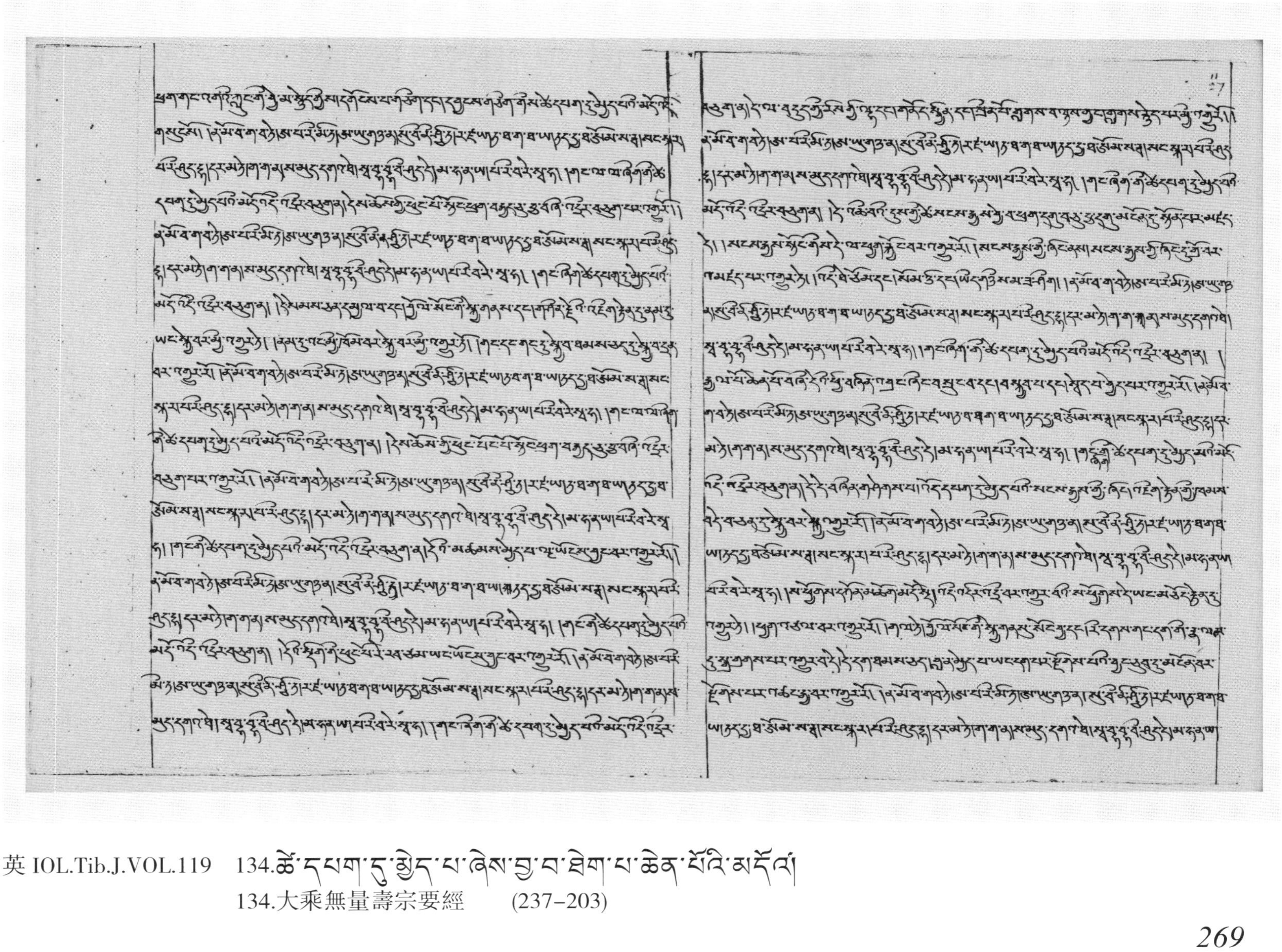

英 IOL.Tib.J.VOL.119 134.ཚེ་དཔག་ཏུ་མེད་པ་ཞེས་བྱ་བ་ཐེག་པ་ཆེན་པོའི་མདོ།
134.大乘無量壽宗要經 (237–203)

英 IOL.Tib.J.VOL.119　134.ཚེ་དཔག་ཏུ་མྱེད་པ་ཞེས་བྱ་བ་ཐེག་པ་ཆེན་པོའི་མདོ།　　135.བྲིས་བྱང་།
134.大乘無量壽宗要經　　135.抄寫題記　　(237–204)

英 IOL.Tib.J.VOL.119　136.ཚེ་དཔག་ཏུ་མྱེད་པ་ཞེས་བྱ་བ་ཐེག་པ་ཆེན་པོའི་མདོ།
136.大乘無量壽宗要經　　(237–205)

英 IOL.Tib.J.VOL.119　136.ཚེ་དཔག་དུ་མྱེད་པ་ཞེས་བྱ་བ་ཐེག་པ་ཆེན་པོའི་མདོ།

136.大乘無量壽宗要經　　　(237–206)

英 IOL.Tib.J.VOL.119　136.ཚེ་དཔག་དུ་མྱེད་པ་ཞེས་བྱ་བ་ཐེག་པ་ཆེན་པོའི་མདོ།　　137.བྲིས་བྱང་།

136.大乘無量壽宗要經　　137.抄寫題記　　(237–207)

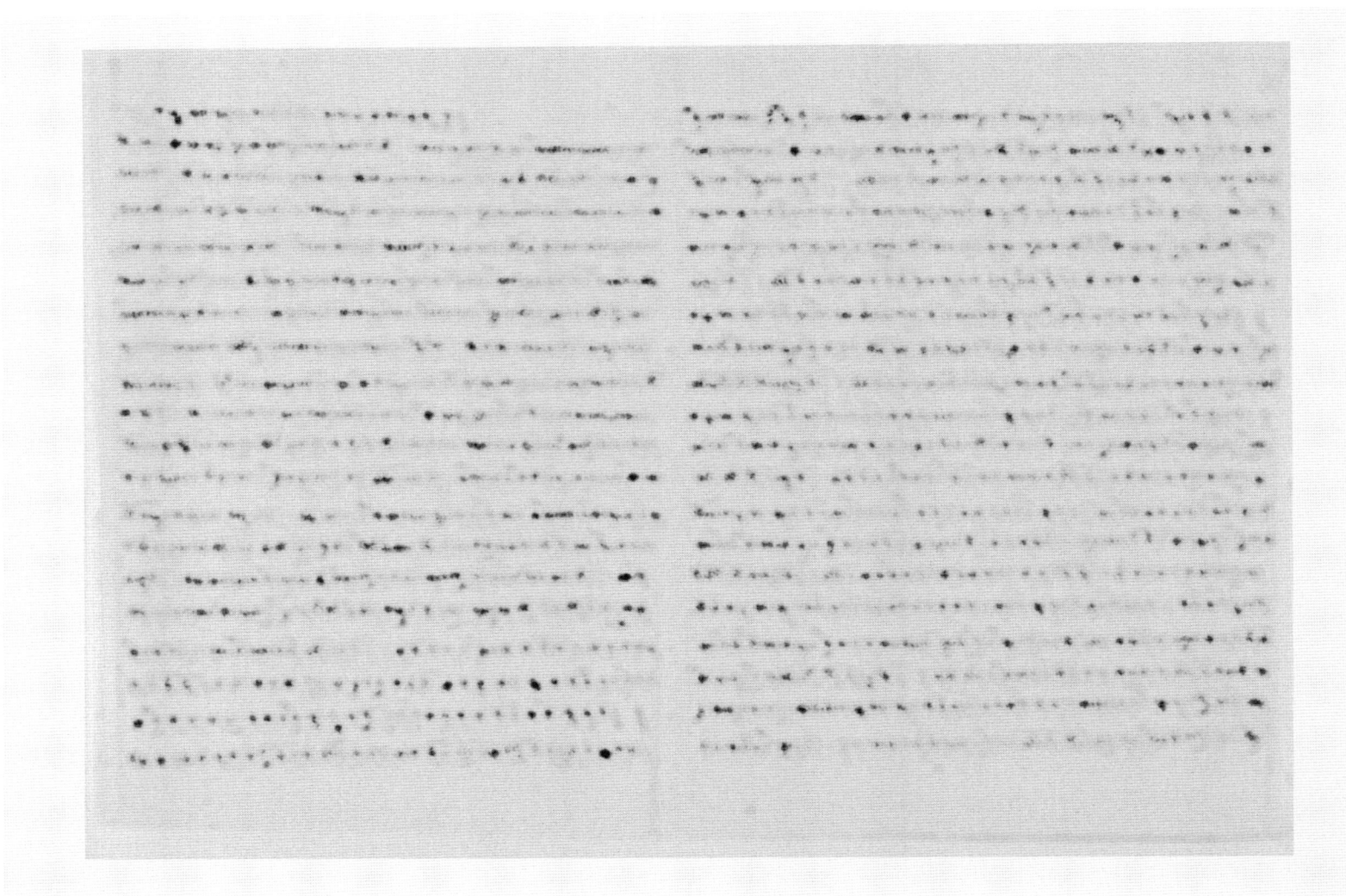

英 IOL.Tib.J.VOL.119　　138.ཚེ་དཔག་དུ་མྱེད་པ་ཞེས་བྱ་བ་ཐེག་པ་ཆེན་པོའི་མདོ
138.大乘無量壽宗要經　　　(237-208)

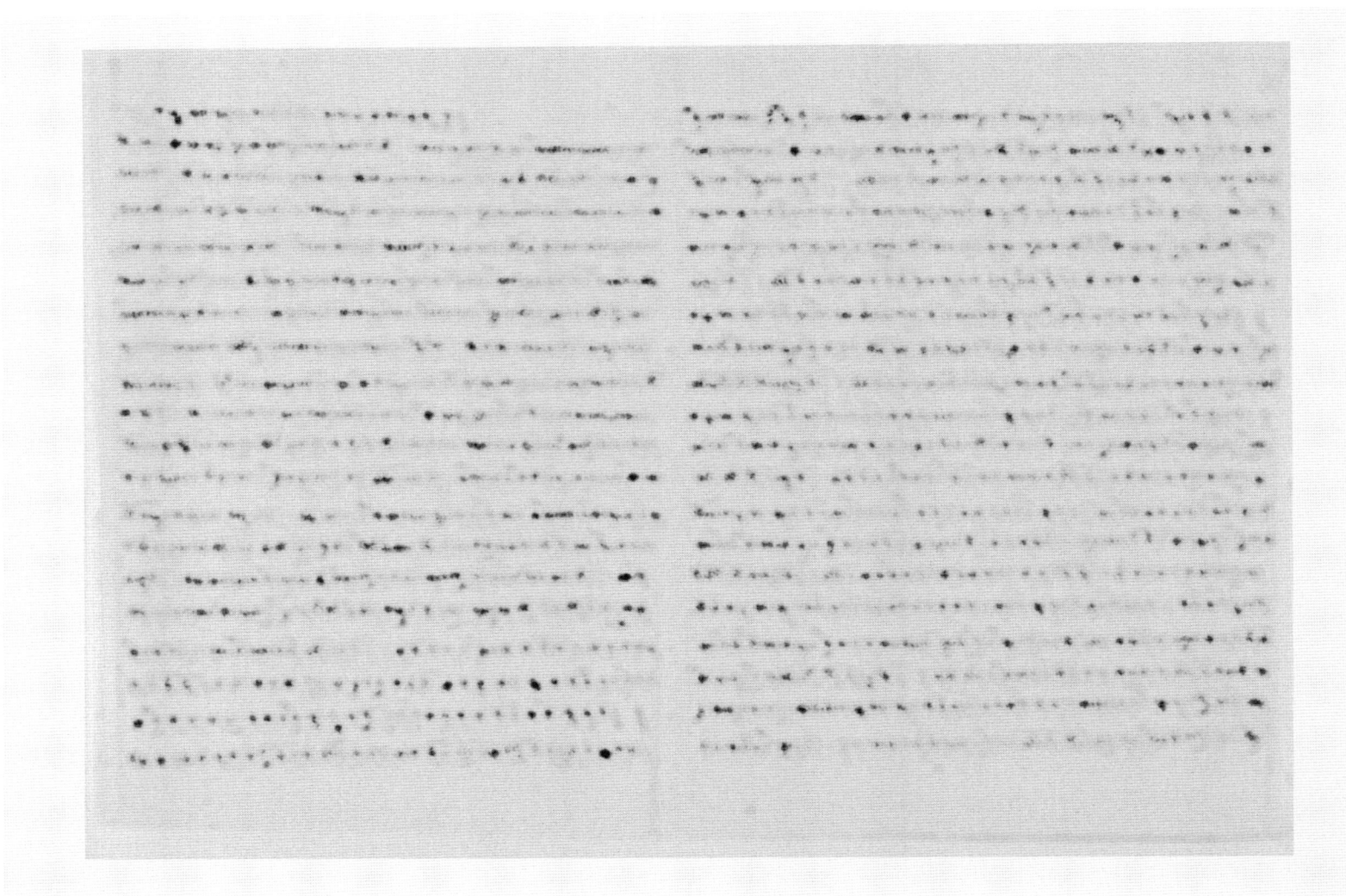

英 IOL.Tib.J.VOL.119　　138.ཚེ་དཔག་དུ་མྱེད་པ་ཞེས་བྱ་བ་ཐེག་པ་ཆེན་པོའི་མདོ
138.大乘無量壽宗要經　　　(237-209)

英 IOL.Tib.J.VOL.119　138.ཚེ་དཔག་དུ་མྱེད་པ་ཞེས་བྱ་བ་ཐེག་པ་ཆེན་པོའི་མདོ།　139.བྲིས་བྱང་།

138.大乘無量壽宗要經　　139.抄寫題記　　(237-210)

英 IOL.Tib.J.VOL.119　140.ཚེ་དཔག་དུ་མྱེད་པ་ཞེས་བྱ་བ་ཐེག་པ་ཆེན་པོའི་མདོ།

140.大乘無量壽宗要經　　(237-211)

英 IOL.Tib.J.VOL.119　140.ཚེ་དཔག་དུ་མེད་པ་ཞེས་བྱ་བ་ཐེག་པ་ཆེན་པོའི་མདོ།
140.大乘無量壽宗要經　(237–212)

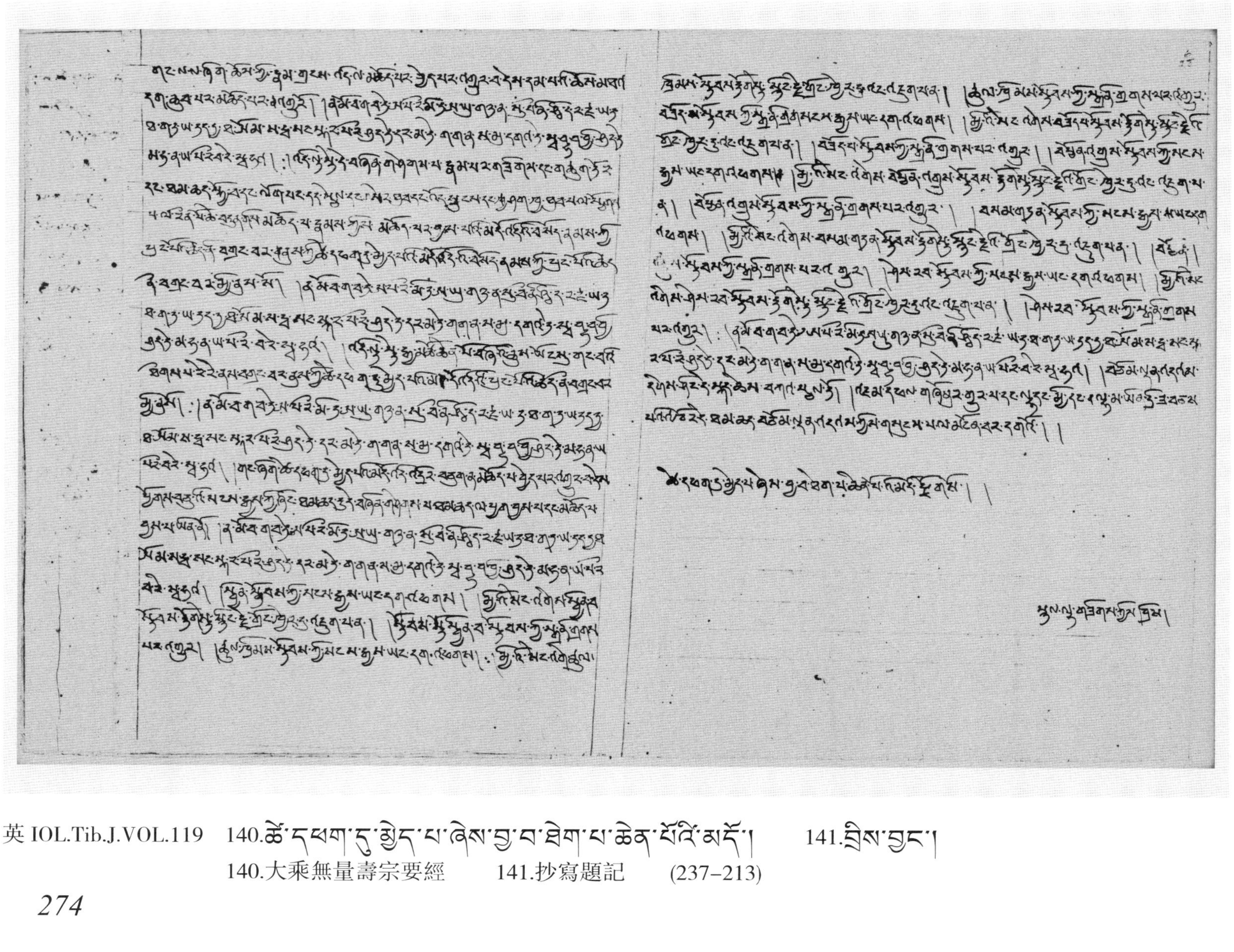

英 IOL.Tib.J.VOL.119　140.ཚེ་དཔག་དུ་མེད་པ་ཞེས་བྱ་བ་ཐེག་པ་ཆེན་པོའི་མདོ།　141.བྲིས་བྱང་།
140.大乘無量壽宗要經　141.抄寫題記　(237–213)

英 IOL.Tib.J.VOL.119　142.ཚེ་དཔག་དུ་མྱེད་པ་ཞེས་བྱ་བ་ཐེག་པ་ཆེན་པོ་འི་མདོ།
142.大乘無量壽宗要經　　　(237–214)

英 IOL.Tib.J.VOL.119　142.ཚེ་དཔག་དུ་མྱེད་པ་ཞེས་བྱ་བ་ཐེག་པ་ཆེན་པོ་འི་མདོ།
142.大乘無量壽宗要經　　　(237–215)

英 IOL.Tib.J.VOL.119　142.ཚེ་དཔག་དུ་མྱེད་པ་ཞེས་བྱ་བ་ཐེག་པ་ཆེན་པོ་འི་མདོ།
142.大乘無量壽宗要經　　　(237–216)

英 IOL.Tib.J.VOL.119　143.ཚེ་དཔག་དུ་མྱེད་པ་ཞེས་བྱ་བ་ཐེག་པ་ཆེན་པོ་འི་མདོ།
143.大乘無量壽宗要經　　　(237–217)

英 IOL.Tib.J.VOL.119　143.ཚེ་དཔག་དུ་མྱེད་པ་ཞེས་བྱ་བ་ཐེག་པ་ཆེན་པོ་འི་མདོ།

143.大乘無量壽宗要經　　　(237–218)

英 IOL.Tib.J.VOL.119　143.ཚེ་དཔག་དུ་མྱེད་པ་ཞེས་བྱ་བ་ཐེག་པ་ཆེན་པོ་འི་མདོ།　　　144.བྲིས་བྱང་།

143.大乘無量壽宗要經　　　144.抄寫題記　　　(237–219)

英 IOL.Tib.J.VOL.119　145.ཚེ་དཔག་དུ་མྱེད་པ་ཞེས་བྱེ་བ་ཐེག་པ་ཆེན་པོ འི་མདོ།
145.大乘無量壽宗要經　　　(237-220)

英 IOL.Tib.J.VOL.119　145.ཚེ་དཔག་དུ་མྱེད་པ་ཞེས་བྱེ་བ་ཐེག་པ་ཆེན་པོ འི་མདོ།
145.大乘無量壽宗要經　　　(237-221)

英 IOL.Tib.J.VOL.119　　145.ཚེ་དཔག་དུ་མྱེད་པ་ཞེས་བྱ་བ་ཐེག་པ་ཆེན་པོ་འི་མདོ།　　146.བྲིས་བྱང་།

145.大乘無量壽宗要經　　146.抄寫題記　　(237–222)

英 IOL.Tib.J.VOL.119　　147.ཚེ་དཔག་དུ་མྱེད་པ་ཞེས་བྱ་བ་ཐེག་པ་ཆེན་པོ་འི་མདོ།

147.大乘無量壽宗要經　　(237–223)

英 IOL.Tib.J.VOL.119　147.ཚེ་དཔག་དུ་མྱེད་པ་ཞེས་བྱ་བ་ཐེག་པ་ཆེན་པོ་འི་མདོ།

147.大乘無量壽宗要經　　　(237-224)

英 IOL.Tib.J.VOL.119　147.ཚེ་དཔག་དུ་མྱེད་པ་ཞེས་བྱ་བ་ཐེག་པ་ཆེན་པོ་འི་མདོ།　　148.བྲིས་བྱང་།

147.大乘無量壽宗要經　　148.抄寫題記　　(237-225)

英 IOL.Tib.J.VOL.119　149.ཚེ་དཔག་ཏུ་མྱེད་པ་ཞེས་བྱ་བ་ཐེག་པ་ཆེན་པོའི་མདོ།
149.大乘無量壽宗要經　　(237–226)

英 IOL.Tib.J.VOL.119　149.ཚེ་དཔག་ཏུ་མྱེད་པ་ཞེས་བྱ་བ་ཐེག་པ་ཆེན་པོའི་མདོ།
149.大乘無量壽宗要經　　(237–227)

英 IOL.Tib.J.VOL.119　149.ཚེ་དཔག་དུ་མྱེད་པ་ཞེས་བྱ་བ་ཐེག་པ་ཆེན་པོའི་མདོ།　　150.བྲིས་བྱང་།

149.大乘無量壽宗要經　　　150.抄寫題記　　(237–228)

英 IOL.Tib.J.VOL.119　151.ཚེ་དཔག་དུ་མྱེད་པ་ཞེས་བྱ་བ་ཐེག་པ་ཆེན་པོའི་མདོ།

151.大乘無量壽宗要經　　(237–229)

英 IOL.Tib.J.VOL.119　　151.ཚེ་དཔག་དུ་མྱེད་པ་ཞེས་བྱ་བ་ཐེག་པ་ཆེན་པོའི་མདོ།

151.大乘無量壽宗要經　　　(237–230)

英 IOL.Tib.J.VOL.119　　151.ཚེ་དཔག་དུ་མྱེད་པ་ཞེས་བྱ་བ་ཐེག་པ་ཆེན་པོའི་མདོ།　　152.བྲིས་བྱང་།

151.大乘無量壽宗要經　　　152.抄寫題記　　(237–231)

英 IOL.Tib.J.VOL.119　153.ཚེ་དཔག་དུ་མྱེད་པ་ཞེས་བྱ་བ་ཐེག་པ་ཆེན་པོའི་མདོ།
153.大乘無量壽宗要經　　　(237–232)

英 IOL.Tib.J.VOL.119　153.ཚེ་དཔག་དུ་མྱེད་པ་ཞེས་བྱ་བ་ཐེག་པ་ཆེན་པོའི་མདོ།
153.大乘無量壽宗要經　　　(237–233)

英 IOL.Tib.J.VOL.119　153.ཚེ་དཔག་དུ་མྱེད་པ་ཞེས་བྱ་བ་ཐེག་པ་ཆེན་པོའི་མདོ།　154.བྲིས་བྱང་།

153.大乘無量壽宗要經　　154.抄寫題記　　(237–234)

英 IOL.Tib.J.VOL.119　155.ཚེ་དཔག་དུ་མྱེད་པ་ཞེས་བྱི་བ་ཐེག་པ་ཆེན་པོའི་མདོ།

155.大乘無量壽宗要經　　(237–235)

英 IOL.Tib.J.VOL.119　　155.ཚེ་དཔག་དུ་མྱེད་པ་ཞེས་བྱེ་བ་ཐེག་པ་ཆེན་པོ་འི་མདོ།

155.大乘無量壽宗要經　　　　(237–236)

དབྱིན་ཇིའི་རྒྱལ་གཞུང་དཔེ་མཛོད་ཁང་དུ་ཉར་བའི་ཏུན་ཧོང་དང་ནུབ་སྤྱང་གི་བོད་ཡིག་ཡིག་ཆགས། ㉕

སྒྲིག་སྟོར་མཁན།
ཞུ་བ་བྱང་མི་རིགས་སློབ་གྲྭ་ཆེན་མོ།
ཧྲང་ཧེ་དཔེ་རྙིང་དཔེ་སྐྲུན་ཁང་།
དབྱིན་ཇིའི་རྒྱལ་གཞིར་དཔེ་མཛོད་ཁང་།

པར་སྐྲུན་མཁན།
ཧྲང་ཧེ་དཔེ་རྙིང་དཔེ་སྐྲུན་ཁང་།
ཧྲང་ཧེ་གྲོང་ཁྱེར་མིན་ཞེན་ཁྲུལ་ཏོ་ཅིན་ལམ་འཁང་རྒགས་༡༥༩འཁའི་ཁོག་ཁང་A཈འི་ཚིགས་ལྟ་པ།
སྦུག་ཨང་། 201101   བརྐྱན་སྐྱེལ་སྒྲོག་འཕྲིན། (86-21) 53201888
www.guji.com.cn   guji1@guji.com.cn   www.ewen.co
དཔར་ཁང་།
ཧྲང་ཧེ་ལི་ཊ་པར་ལས་ཚད་ཡོད་ཀྱུང་སི།

དེབ་ཚད། 787×1092   1/8   དཔར་ཤོག 36   པར་བཅུག 26
2025 ལོའི་ཟླ་ 5 པར་པར་གཞི་དང་པོ་བསྒྲིགས།   2025 ལོའི་ཟླ་ 5 པར་པར་ཐེངས་དང་པོ་བཏབ།
དཔེ་ཏུགས། ISBN   978-7-5732-1512-3/K.3806
རིན་གོང་། སྒོར་ 2200

TIBETAN DOCUMENTS FROM DUNHUANG AND OTHER CENTRAL ASIA IN THE BRITISH LIBRARY

Participating Institutions
The British Library
Northwest University for Nationalities
Shanghai Chinese Classics Publishing House
Publisher
Shanghai Chinese Classics Publishing House
5/F, Block A, Lane 159, Haojing Road, Minhang District, Shanghai, China 201101   Fax （86－21） 53201888
www.guji.com.cn
guji1@guji.com.cn
www.ewen.co
Printer
Shanghai PICA Colour Separation ＆Printing Co., Ltd.

8 mo 787×1092mm
printed sheets 36   insets 26
First Edition: May. 2025   First Printing: May. 2025
ISBN   978-7-5732-1512-3/K.3806
RMB 2200.00

圖書在版編目（CIP）數據

英國國家圖書館藏敦煌西域藏文文獻.25 / 西北民族大學，上海古籍出版社，英國國家圖書館編纂.
上海：上海古籍出版社，2025.5. --ISBN 978-7-5732-1512-3

Ⅰ. K870.6

中國國家版本館 CIP 數據核字第 2025EP8594 號

本書出版得到國家古籍整理出版專項經費資助

དབྱིན་ཇིའི་རྒྱལ་གཞིས་དཔེ་མཛོད་ཁང་གི་སྟུན་ཧོག
པར་དབང་མ་ཐོབ་པར་བསྐྱར་དཔར་བྱེད་མི་ཆོག
པར་རིས་ཀྱི་པར་དབང་དབྱིན་ཇིའི་རྒྱལ་གཞིས་དཔེ་མཛོད་ཁང་ལ་དབང་།
ཡི་གེའི་པར་དབང་ནུབ་བྱང་མི་རིགས་སློབ་གྲྭ་ཆེན་མོ་དང་
ཧྲང་ཧེ་དཔེ་རྙིང་དཔེ་སྐྲུན་ཁང་ལ་དབང་།

英國國家圖書館藏敦煌西域藏文文獻 ㉕
編　纂
西北民族大學　上海古籍出版社　英國國家圖書館
出版發行
上海古籍出版社
上海市閔行區號景路 159 弄 1-5 號 A 座 5F
郵編 201101　傳真（86－21）53201888
網址：www.guji.com.cn
電子郵件：guji1@guji.com.cn
易文網：www.ewen.co
印　刷
上海麗佳製版印刷有限公司

開本：787×1092　1/8　印張：36　插頁：26
版次：2025 年 5 月第 1 版　印次：2025 年 5 月第 1 次印刷
ISBN　978-7-5732-1512-3/K.3806
定價：2200.00 元

མངའ་རིས་གུ་གེའི་རྒྱལ་རབས་དུས་ཀྱི་དགོན་སྡེ།

阿里古格王朝寺廟群

དུན་ཧོང་མོ་ཀོ་ཁུའུ་ཡི་ནུབ་ཕྱོགས་བྲག་ཕུག

敦煌莫高窟北區石窟

བྲམས་པ་འབུམ་སྐྱིང་དུ་བཞུགས་པའི་ཐང་རྒྱལ་རབས་དུས་ཀྱི་རྒྱལ་བ་བྲམས་པ།

永靖炳靈寺唐代彌勒大佛